# 慈憫醫眾生

## 慈善與醫療的全人照護

慈濟人文真善美志工群 著

推薦序

# 慈善醫療　點亮心燈

慈濟醫療志業執行長、國際慈濟人醫會總幹事　林俊龍　醫師

醫療就如慈善助人脫貧的鎖鑰，慈善則是醫療救命的後盾。二十一世紀的醫療科技先進，臺灣的醫療水平也已與世界同步、毫不遜色，雖然社會普遍感覺城鄉差距漸不明顯、醫療普及，但是，臺灣依然存在著弱勢家庭、團體、或是缺乏醫療照護的村里、部落。

佛教克難慈濟功德會從一九六六年開始，透過實地訪視濟助貧苦個案，證嚴上人深刻體會貧病交纏導致苦不得離的實相，所以開始號召醫師、護理師、藥劑師跟著慈濟志工施醫施藥。一九七二年在花蓮市仁愛街成立慈濟義診所，也主動到個案家裡探病治療。雖然慈濟人醫會是在一九九八年正式成立，但慈濟在臺灣的義診醫療服務早已配合慈善訪視超過四十年了。

臺灣慈濟人醫會北區、中區、雲嘉南區、高屏區、東區共十二個義診團隊，盡往人煙稀少的地方走去、往有需要的人家裡去，診治、給藥、轉診到醫院，照顧了身體的健康之外，更透過慈善訪視的長期關懷，給予弱勢者實質的補助與支持心靈的力量。

證嚴上人常提起「一燈能滅千年暗」，正可用來形容所有慈善訪視志工與人醫會菩薩為偏遠貧病所做的一切，如一盞盞明燈，照亮一個個黑暗角落，無所求的愛不僅點燃了一顆顆原本喪失希望的心，更讓他們從封閉自我到展露笑顏，願意在慈濟協助下，走出暗角，接受治療，改善身心健康。

更神奇的是，許多醫護藥師醫檢師參加了人醫會活動之後，再次感受自己身為醫療專業人員的從業使命，學會如何尊重他人的生命，並重新找到自己對生命的熱愛。

已經離開世間的北區慈濟人醫會牙醫師蔡宗賢師兄即是最佳典範。原本蔡醫師打算全家移民國外，但認識慈濟、加入人醫會之後，他更熱愛臺灣捨不得離開。多年來，分秒不空過的他，除了每個週末固定到玉里與關山慈院支援牙科診療外，蔡醫師寧可讓自行開業的診所休診，也不放棄海內外義診、往診的機會。

在國際慈濟人醫會成立滿十五年之際結集此書，只能呈現臺灣人醫會成員與慈善訪視志工多年耕耘的一小部分，這些個案故事都是慈善與醫療合心協力，所鋪展出來之愛的行動軌跡。

上人期許每個人都要當別人生命中的貴人，臺灣人醫會的菩薩們都做到了，也都是我們學習的典範。未來希望邀約更多醫護藥檢專業，加入慈濟人醫會的行列，為偏遠貧病鄉親盡一己心力，一同在菩薩道上藉境修心，成為他人生命與自我慧命中的貴人。

推薦序

# 服務人群的慈悲足跡

臺灣高屏區慈濟人醫會召集人　洪宏典　醫師

慈濟世界，在證嚴上人的引領與指導之下，從多年的濟貧救助之慈善工作開始，上人體會到「因病而貧」的理念，了解到要消除貧困的環境，首要重視醫療的普遍，所以繼慈善志業後迅速推動醫療志業。

為了讓醫療能夠普遍到所有的偏遠地區及社會任何角落，除了六家慈濟醫院的設立之外，社會上有心付出的醫療人員更合力組織「國際慈濟人醫會」，抽出個人平時執業的時間，自行支付所有的費用，參加各項義診、往診、訪視、關懷等活動，在訪視組師兄師姊的配合之下，深入社會的暗角，為感恩戶服務、醫療、衛教、釋疑等。

地球逐年破壞，地水火風四大不調，災難頻傳，傷害眾多人民百姓，國際慈濟人醫會醫療人員多次跨國參加賑災義診，發揮「發菩提心，無量大悲、救苦眾生」的精神，抵達世界各個角落，聞聲救苦。

臺灣的慈濟人醫會依地區分為北區、中區、雲嘉南區、高屏區、東區等五個地區人醫會，各隸屬當地分會，與慈善訪視組志工共同關懷有需要的個案。慈濟人本著「恬安淡泊，無為無欲」的修行理念，貫徹「普天下沒有我不愛的人」之精神，每天都在社區無所求的付出。

由於訪視組師兄師姊並非醫療專業人員，往往遇到醫療瓶頸也需要人醫會的配合才能給感恩戶更好的照顧。以高屏區人醫會為例，曾有一位單身感恩戶本來是肺結核病患，久病纏身，導致自卑，不再接觸人群，自我封閉，連訪視人員到訪也拒絕師兄姊進去屋裡探視，接著還有輕生之念頭，訪視組因此而緊張求救人醫會。當我們抵達時，用心的溝通之後，獲准進去屋內，發現屋頂漏水、天花板掉落、屋內潮濕烏黑、牆壁斑剝，真是不適合居住之場所。我們即刻研究出兩個關懷方案，第一著手修理房舍，第二確定現在病況。經過詳細檢查發現肺結核已治癒，無感染之虞，於是向病人詳細解釋及關懷，同時發動人醫會醫護人員配合社區志工一起修理屋頂、天花板、修補牆壁、塗水泥、上油漆、置換家具等，終於在一個月後案主恢復上班，過著正常的生活，藉這個機會讓人醫會成員見證「見苦知福」，也啟發社區師兄師姊付出的機會，增加大家的凝聚力。所以慈善跟醫療的結合，可相輔相成，截長補短，對感恩戶的關懷也能達到盡善盡美之境界。

人醫典範，為善不欲人知，而且騰出個人執業的時間，自付所有的費用，在各個角落不斷地寫下服務人群的慈悲足跡，唯有藉著本書的出版，讓讀者得到學習的機會。

推薦序

# 重現美好的年代

臺灣北區慈濟人醫會總幹事　謝金龍　醫師

那是個苦悶的年代。也是個壓抑的時代。
儘管壓抑，縱然苦悶，熾熱的心不曾澆熄！

「在摩托車時代，我們一出診可順路診療四、五十人的患者，尤其是痲疹或其它瘟疫流行時，我們如騎摩托車跑過了四、五個庄頭，回路來時，都可看到每庄頭的小店前，立一竹竿，這是表示有病人待診的記號。當時騎摩托車的人，大都是醫生。庄民一聽到喇叭的聲響，就立竿待醫。」

—吳新榮　醫師（1907~1967）回憶錄

那是個美好的年代。也是個懷念的時代。

讓人懷念著：儘管物質缺乏，人與人的本質不曾扭曲。不管路程迢迢，操心不敢停歇！那美好的醫病關係一直都令人稱頌！

時光更迭，科技進步，物質無虞，人與人之間的距離縮短了，但不知何時，卻又砌起了一道無形的牆。不信任，讓人無法跨越鴻溝。不信任，就無法同理心。無同理心，更加深了猜忌。於是，鴻溝越掘越深，也越挖越寬。終至無法跨越，無法對話。那美好的年代，也不再復返，也就真只能成為懷念。

所幸，仍有一群人，懷念著過去的那段「美好的年代」，雖然他們不曾經歷過，可是他們願意去讓它重新來過。

於是，他們去偏遠地區，因為那是個無醫村。他們越過了山頭，尋着蜿蜒的山路，來到阿嬤的家，那是孫女會見阿嬤的畫面，讓阿嬤不再孤單。

（邱馨儀醫師）

於是，趙院長帶領着醫護同仁，走出所謂的白色巨塔，暫別高科技的診療設備，就用單純的心，敏銳的眼，銳利的耳，親切的話，溫柔的手，與這些鄉親互動，喚回來的是，那種前輩才有的胸襟。（瑞芳義診）

隨著東北海岸線公路的開通，串起了各小漁港，帶來了觀光客，卻也帶走了年輕人。以為從此將過著幸福美滿的日子，也就隨著車流流逝。於是，佝僂的身子，凝望的眼神，好似在盼着該回家的孫子。這時，醫護志工守著信諾，噓寒問暖，宛若親人。（長情北海岸，義診：貢寮澳底與馬崗）

若不是過不去，誰又願意離開自己的骨肉？誰又願意離開故鄉？帶著惶恐腳步踏上異鄉，你的無助我們了解。我們是你的好姊妹，好親人，儘管語言不通，宗教信仰不同，無妨，且將他鄉當故鄉。（北區慈濟人醫會關懷外勞義診）

慢飛天使，不是不飛，只是忘了飛。用手足之情，帶領他們鼓動翅膀，承載着他們的重量，去翱翔天際。原來鳥瞰的世界，竟是如此秀麗！（中

壢路得啟智教養院）

美麗的故事，終要傳頌。在這雖不完美，但卻令人感動的世界裡。依然是苦悶的年代，依舊是鬱卒的時代。

但，澆熄的心，漸漸燃起，點點火星，勢必成為熊熊巨焰！重新燃起的初發心，也將照亮各個黑暗角落。

前輩的腳印，不再孤單。這美好的年代，將持續蔓延着！

推薦序

# 人醫之愛 廣闢福田

慈濟基金會慈善事業發展處主任、曾任臺灣北區慈濟人醫會總幹事　呂芳川

記得是在一九九五年的歲末祝福時，證嚴上人第一次對慈濟委員與慈誠提到「慈濟醫療要普遍化」。一向將上人輕輕說的話，重重聽進去的弟子們，馬上就想到了，在深山裡的村落，在都會區的暗角，有許多弱勢族群無法享有醫療照顧，一定要結合有愛心的醫療專業志工，才能將醫療之愛送到這些地方。從此慈濟人展開了醫療專業志工的接引，讓人醫菩薩愛的種子一顆一顆從大地萌芽。

最早期參與慈濟人醫會的林鴻津醫師曾在慈濟人醫年會分享：「有一天幾位慈濟志工來邀我參加義診團，我問他們，現在有幾位醫師？志工回答：『都還沒有！』沒想到，才只有幾年的時光，靜思堂的國際會議廳裡，

已經坐滿了來自全球各地人醫會代表，慈濟人的行動力實在太令人敬佩了！」林醫師道出了身為靜思弟子的那分願力與行動力，這也是不斷在臺灣社會創造許多愛的奇蹟的原動力。

沒有錯，短短幾年光景，慈濟人醫之愛已經送到全臺灣各深山角落，像是桃園復興鄉的華陵村、三光村，新竹尖石鄉的玉峰村、秀巒村，宜蘭大同鄉的四季村、南山村，此外還有南澳鄉、五峰鄉。舉其中一個秀巒村為例，往田埔部落走，到了秀巒部落，經過檢查哨往山路上去，左邊是去錦路、養老兩個部落；直接往前就是泰崗部落、新光部落，然後是鎮西堡，每個部落相隔車程約十五分鐘。由此可知深山的一個村，前後部落就至少相隔一個小時的車程，而唯一的衛生所卻在一小時車程外的山腳下。要到衛生所看病，至少需要兩小時的路程。山路迴旋崎嶇，沿途沒有任何一位醫師或一家診所，偏遠醫療的缺乏與不方便可見一斑。

臺灣的慈濟人醫會有多支義診團隊，每兩個星期就進到最深山、最缺乏醫療的部落。為了提供完整的醫療照顧，每次義診至少需有四個科別：內科、婦科、中醫科、牙科，並依需要每次提供其他專科別的看診服務。深山的學校，由人醫會規畫後，搖身一變成了活動醫院，一個教室一個科別，還有藥局與衛教室。

為了讓醫護藥師能夠挪出時間參與，也為了讓部落的鄉親能真正受到醫療照顧，人醫會在前一年的十月就要把隔年的行事曆排出來。也就是，哪一天要到哪一間國小，都已事先讓各村落知道，並做宣導。各村的病歷表則是依各村落別，有次序地整理歸檔，讓人醫會有如深山的家庭醫師，熟悉村民病史。

每次上山都出動約九部車，這些九人座車也會調度規劃作為接送村民的交通車。而令人敬佩的人醫菩薩，為了要到深山照顧鄉親，常常是天未亮就開車先趕到集合地點，有時遇到十度以下的寒流來襲，人醫菩薩卻個個精神抖擻、笑容可掬。

經常，車子在昏暗裡緩緩往深山而行，人人闔眼養神，等到山路開始顛簸，才把人醫菩薩震醒，睜開眼睛，已是陽光耀眼，從這時候開始就是人文時刻，大家談慈濟、談義診，談得好歡喜。每次走山路，總有幾位會頭暈嘔吐，早期會認為這些人可能不會再參加了，但事實上他們卻是最踴躍參加的一群，因為，他們對於部落鄉親的病苦最有感受。

人醫會在偏鄉原鄉義診，除了以當地的學校或活動中心為義診總點，午餐過後，常是人醫會最具特色的居家往診時間。在雙溪、貢寮、平溪這種老人村內，年輕人幾乎全部移居都會，平日只有長者一人獨居或兩老相依為命，甚至有行動不便、或臥病在床者。此時，由醫療專業與非專業七、八位志工組成團隊，分成多條路線各到五至七戶往診，帶去慈濟人貼心的關懷，不但照顧長者的身體，更與長者溫馨互動。由於每個月固定訪視，所以當長者有特殊需求時，人醫團隊都能做特別的安排，像口腔治療、理髮服務或居家清潔等。而人醫會對長者們的關懷，對離家居住他鄉的長者子女也是「行孝不能等」的啟發。

雖然深山醫療是那麼地辛苦，醫師們的悲心與用心卻更讓人感佩。

眼科莊朝傑醫師為了讓偏遠的老人村得到好的醫療照顧，耗資數百萬，捐助七臺眼科裂隙燈設備給北區人醫會，讓澎湖、金門、深山偏鄉的長者視力能及早維護與治療。

而牙醫師們深覺偏遠鄉親與學童想要看牙醫是最不容易，當年連鄉衛生所都不見得有牙科的設備，就決議為深山的每一位學童建立口卡，把每一顆牙齒都建立完整的資料，持續追蹤，並將每位學童的大臼齒用樹脂保護。這些服務是連都會區的孩子都沒有，只因為深山沒有牙醫師，就醫不易，牙齒更需要保護。

黃祥麟醫師在一年三大節為街友健檢義診時，特別為街友免費重建全口假牙，平均一個節慶的義診篩檢就提供八位左右的全口假牙重建服務。人醫會的「口腔巡迴醫療車」，也會置於社會局提供的定點提供合模服務，以避免診所做這種服務可能帶來干擾。八位遊民的全口假牙重建，各需要四至五次的合模，可這只是黃醫師投入人醫會不到四分之一的工作量，因為他也是外勞健檢義診與警察暨眷屬健康關懷的主責醫師志工。

而身心障礙孩童是一般牙科診所最頭疼的對象，有時花了大半天時間還無法完成治療，所以牙醫師寧願看一般病患。然而慈濟人醫會的一百多位牙醫師，卻將整個大臺北市大多數的身心障礙機構都做了年度的服務計畫，有的醫師還一年認領五十週的服務，這種悲心與毅力，讓我們感受到人世間最動人的溫馨與無私的奉獻。

人醫會的護理師與藥師扮演著重要的角色，負責多方的承擔與協調，讓人醫會的功能更多元化。他們熱心地投入並以專業把關，讓團隊安心，營造溫馨如家的感覺。

記得有一年，臺北市福民平宅的社工督導來電，表示在自立晚報看到人醫會在遊民收容所開「戒酒班」的大篇報導，平宅社工督導表示他一直期待也在尋找這樣的團隊，於是詢問人醫會是否能到福民平宅協助。

福民平宅多屬經濟弱勢，依賴政府低收入補助生活。督導表示，這個社區有十一戶是酗酒家庭，家庭支柱嚴重酗酒，全家經濟無法獨立。護理師團隊開會，並請身心醫學科李嘉富醫師指導，最後有十位護理師報名參加「美滿家庭成長班」的方案專責護理師，承接每週一次的關懷互動。轉眼兩年過去了，期間，護理師教手語、插花、分享、衛教，還為個案的孩子輪流擔任「家教」，讓個案能安心帶著小孩來參加活動。

方案護理團隊分享：「雖然不是十一個家庭都輔導成功，但看到六個家庭成功地走過來，覺得這兩年的陪伴太值得了！」而每個家庭都有說不完的故事。五十歲的小蘭改變了晚上在社區遊蕩找酒喝的習慣，不到一年，她已經可以拒絕擺在桌前的啤酒；從此常翹家曠課的兒子，有母親每天到校接送，還有母親下廚準備的晚餐。另一位四十多歲的原住民吸膠媽媽，接受輔導後不再吸膠，回到教會合唱團，幾個孩子也變得開朗活潑。

更感動的是，投入人醫會義診多年的李嘉富醫師與這十位護理師，皆已培訓受證為慈濟委員。他們每一位都是從拔苦予樂、悲智雙運的考驗中走過來的人間菩薩。

人醫菩薩翻山越嶺，走遍長街陋巷，膚慰貧病、視病如親。如《無量義經》所云：「是諸眾生真善知識。是諸眾生大良福田。是諸眾生不請之師。是諸眾生安隱樂處。」

推薦序

# 菩薩醫者拔病苦

慈濟基金會宗教處主任　謝惟嵋

城鄉的差距，貧富的懸殊；苦難的人走不出來，有福的就走了進去。

由一群有著慈悲心腸、濟世精神的醫護所組成的「慈濟人醫會」，大愛足跡踏遍了臺灣的山林海濱、城市鄉野，他們為身有病痛的人們拔苦、為心有苦楚的人們予樂。

全科診療、志工服務與居家關懷，是慈濟人醫會義診的特色；預先了解當地需求並結合在地資源，也是慈濟各地義診的共同原則。因此鄉長、村長、鄰里基層的協助不可或缺，而服務陣容則是由專科醫師、護理師、藥師、志工，組成全人醫療照顧模式。除了提供偏遠地區醫療服務，也要帶動當地社區意識。義診，只是一個開頭，最重要的，是要帶動社區鄰里互助關懷的精神。

在一般人的印象中，醫師是一群高所得、養尊處優的白領階級，但從這些願意布施時間，深入偏遠山區、關心弱勢族群而參與義診的醫護菩薩身上，我們看到的是——服務的熱忱與無私的付出。人醫會裡的每位志工，不論年資深淺，不分專業科別，大家在乎的只有：如何盡力付出愛與關懷。

十五年來，人醫隊伍日益浩蕩，感恩這支「分別病相，曉了藥性，隨病授藥，令眾樂服」的大醫王菩薩隊伍，他們的點滴投入，匯聚成廣闊的悲憫世界，也成就了這本紀念專書——《慈憫醫眾生》。書中，有著許多感人的醫病互動與慈善關懷。感恩慈濟人文真善美志工，長期紀錄、詳實記載人醫菩薩的大愛足跡與慧命成長過程。

謹懷無盡的感恩，向每一位人醫菩薩致敬！

推薦序

# 先到後置　無始無終

慈濟基金會人文志業發展處主任　何日生

備好相機，拿好紙筆、扛起攝影機，不管是頂著風、下著雨，或豔陽下、或徐風中。無論是爬山、步行、或越溪、或渡海，慈濟人文真善美志工跟著人醫會醫師、護理、藥師、志工們上山下海，見證這個時代的人醫行儀與風範。

採訪醫療義診是一大挑戰，人文真善美志工紀錄醫療義診是遵循「先到、後置」的原則。

以「先到」而言，到了一個村落，要先了解這個村子的大環境，找到可以拍攝村落全景的制高點。先把村子的景象描述或拍攝一番。多半的勤務，真善美志工都會比醫療團隊更早到達，如此他們才能記錄到醫療團隊抵達之際，醫師們下車與居民互動、會面的溫馨景象。當醫療器材逐步的搬送下車，真善美志工不應、也不會在此時才同步卸下拍攝與錄影器材，而是早早就架好了機器，站好位置，紀錄拍攝醫療大隊卸下器材的情景。這是人文真善美志工「先到」的原因。而同時，人文志工必須找到寫稿、發稿或是挑圖、剪接的地點。所以經常一方面要紀錄別人，一方面要安頓自己的工作站。「先到」的好處在此。

器材卸下了，工作站安置了，醫療義診的診間動線確定下來，人文真善美才能安排採訪與錄影的動線。這是真善美志工「後置」的步驟。紀錄拍攝絕對不能影響干擾醫療行為的進行。如何在不擾動醫療行為的前提下，盡量接近醫療現場，是一項藝術。經驗充足的人文志工知道如何站在對的位置，讓自己明明在現場，卻不被看到，這才是採訪紀錄醫療現場的最高智慧。

找到適當受訪者也是人文真善美志工做好歷史紀錄的一大關鍵。來看病的病人經常數百人、數千人，在海外有時甚至到達萬人以上。如何找到好的醫療個案，如同海裡撈針。人文真善美志工必須廣結善緣，如此，在義診現場服務的志工們或看護病人的醫師、護理們，一旦遇上特殊感人的醫療個案，才會即刻通知人文真善美來進行紀錄。這只有平時與醫療團隊結好緣，長期建立默契共識才能辦到。有好人緣，才有好的紀錄；先結好緣，才會有好的報導。這也是紀錄者「先到」另一層之意涵。

另一方面，直接的觀察也是志工紀錄醫療感人個案的重要來源。這時紀錄的志工必須很接近醫療行為，才能即時發覺到好的醫療個案。這種近距離的觀察，也必須讓醫療團隊覺得合適、歡喜，這無不都是結好緣的成果。

人文真善美志工不只紀錄醫療個案，更要紀錄醫護典範。某一位醫師或某一位護理與病人有很感人的互動，是志工紀錄的另一重點。人文志工必須入法夠深，必須充分理解醫療行為，理解上人與慈濟的醫療人文，才能夠發覺人醫典範。典範的選擇來自紀錄者的價值觀，除非紀錄者有正確的價值觀，他無法正確選擇典範、紀錄典範。這也是紀錄前的「先到」。自己的心先到達靜思善法的境界，才能紀錄捕捉他人力行靜思善法的實踐。紀錄病患也是，人文紀錄者必須有愛心、有智慧，才能適當地引導受訪者說出內心的感動。才能在採訪中讓受訪者感受到關懷，而非自我隱私的暴露。先心存愛心，才開始紀錄。心中先有法，才能見證典範。這都是「先到」之深義。

當一位病人看完病，不管在等候拿藥，或是要回家。這時候的人文真善美志工可以鎖定對象進行深度採訪。或者跟隨病人回家，繼續紀錄病人家中的日常生活處境。誠如證嚴上人所言，病與貧是相依、相生。紀錄病，必須理解貧，這是佛陀講述「苦、集、滅、道」之理。所以醫療結束經常是人文真善美採訪的開始，這也是「後置」之理。

在醫療現場的義診結束後，大隊歸程，醫護與志工們圓滿歡喜的各自回家了。但是人文真善美的工作卻只做到一半。他們必須繼續在家中，或在會所，甚至在車上開始寫稿，剪接，上字幕，挑照片，寫圖說。然後三更半夜，甚或天快亮了，才得以經由網路，上傳照片、文稿、影片給慈濟志業的各個單位。然後經由大愛臺、慈濟月刊或基金會網站，或播出、或上網、或存入慈濟大藏經資料庫。

人文志工經常是睡得「早」，起得「早」，因為傳完稿子、影片、圖像，天都快亮了。躺下去，三、四小時後還照樣要去上班或工作。志業工作完成了，職業的工作接著開始，就是典型人文真善美志工出志業勤務的幸福模式。這時已分不清是「先到」還是「後置」，比較像是佛陀所說的「無始無終」。

至誠感恩人文真善美志工，不喊辛苦，都說幸福，日日依循這八個字：「先到、後置、無始、無終」，做就對了，永不止息！

目次

推薦序



第一篇、匯聚愛的能量

附錄

# 第一篇　匯聚愛的能量

慈善訪視病苦貧困
人醫往診守護生命
眾愛能量匯聚
如一燈照亮千年幽暗

# 陪她守護家

原本是在臺北工作的幼教老師，詹碧玉只因母親的一通電話得知嫂嫂離家出走，毅然決然辭掉工作，回苗栗南庄照顧中風的母親與三名沒人照顧的姪子。

回到家的碧玉，發覺哥哥因為家庭經濟不佳，孩子體弱多病，妻子又離家出走，心情鬱悶。二〇〇三年，碧玉的哥哥因病往生，急需喪葬協助。慈濟志工黃宣回發現並通報訪視團隊，從此開始，這個家庭得到了不間斷的關懷。

碧玉的三個姪子，有兩位得了「軟骨不全症」。大姪子博帆在國中畢業之後發病，經常氣喘、呼吸困難，根本無法躺著睡覺，幾乎都坐在輪椅上；身體若好些，詹碧玉才會抱他到床上睡。洗澡時，必須將輪椅推進浴室，再抱起孩子坐到準備好的椅子上，才能洗澡；大小便時也需要重複如此動作。

小姪子博強在小學畢業之後就發病，因病發期提早所以健康狀況非常差，身形瘦弱，全身無力，只能蜷縮在矮小的藤椅上。二個姪子的生活起居完全依賴姑姑，因為這分牽掛與不捨，詹碧玉放棄了婚姻，全心照顧這個家，一路走來，姑代母職的心念從未退縮。

## ♥修繕打造平安

二〇〇七年，碧玉的家不幸發生火災，房屋嚴重受損，每逢下雨就會漏水。志工廖菊珍提報給訪視組協助修繕，要為這一家人打造一個能夠安居的地方。

經過評估後，首先進行拆屋頂、蓋鐵皮屋，工程進行前，黃捷增師兄先帶領大家虔心念佛，祈願工程進行安全順利，並祝碧玉全家平安吉祥。不過，因為氣象的預報，擔心晚上會下雨，工程必須一天之內完成，志工們加緊趕工，連中午都沒有休息，午餐後又繼續工作，終於在傍晚時把屋頂蓋好。

詹爸爸年紀大膝蓋不好，廁所在屋後，是早期年代用兩塊木板鋪成的茅廁，通道又高低不平，擔心老人家晚上去如廁會有危險，師兄們決定在屋內挖地，做個化糞池，讓老人家安心在自家上廁所。會決定在屋內挖化糞池，是因為大門太小，連最小的簡易廁所都無法搬進屋內組裝。

不過，在屋內做個廁所可不是容易的事，這項工程考驗著師兄們的智慧。首先，師兄們要將挖起來的廢土裝入水桶，再由師姊們一桶一桶的搬出屋外，又挖又傳了好多天才把化糞池做好。安裝衛浴設備及馬桶時，李文達師兄很貼心的在馬桶旁的牆壁上，多安裝一個安全扶手，好讓老人家方便蹲坐使用。詹爸爸看了很高興，露出滿臉笑容，直說：「謝謝！謝謝！」

師兄也很貼心地把門檻做成無障礙空間，讓博帆、博強進出方便。當碧玉緩緩推著博帆的輪椅走出客廳，試用做好的無障礙空間時，姑侄都非常開心，從今以後，不用再煩惱著通道有障礙物了！

隔壁鄰居是慈濟會員，發心送來芋頭糕讓大家補充體力，村長也送了兩箱飲料感謝志工的辛勞。證嚴上人曾叮嚀，「要將善念深植心田，成為生命中的基因。」沈鳳琪師兄帶孩子前來共同參與，筱帆師姊也帶一雙兒女來體驗，希望助人的善念，能深植在孩子的心中。

接著，志工們進行油漆粉刷，連屋頂都刷上白漆，讓人眼睛為之一亮。刷啊、刷啊、忽然發現其中一面牆壁上留有「天聾地啞……」等字句，詢問之下才得知，原來是碧玉的哥哥生前懷著沉重的無奈和怨恨，感嘆家境淒苦卻天地不仁所留下的字跡！黃捷增師兄將這些怨恨的字跡，一字一字的粉刷掉，口中也祝禱著：「刷掉所有的悲傷怨恨，從此以後一切平安吉祥，福人居福地。」

整座房屋整修落成後，一大早，慈濟志工就到詹碧玉家幫忙煮湯圓、煎豆腐，這是按習俗取其「圓滿富貴」的意思，志工媽媽們邊煮邊說好話，討個好兆頭，祈求一家人團團圓圓，平平安安。不一會兒工夫就準備妥當，碧玉隨即把湯圓端到屋旁的土地公廟拜一拜，祈求一家平安順利，並感謝慈濟人幫助整修房舍。這時家裡已經來了好多客人，志工推著博帆和博強到門外空地上，在服役的老二博揚也特地趕回家，一起團圓吃湯圓，慶祝新居落成！

南江村村長說：「很感恩慈濟人不辭辛勞地來幫助詹家，讓他們有安身之處。」

碧玉說：「今天是新居落成的好日子，也是我們的重生日，一家人都很高興，也很感恩大家的幫忙。」

## ♥充實心靈風光

新居落成後不久，志工邀約他們一家人到慈濟苗栗聯絡處參訪。這麼多年來，詹家兄弟倆幾乎很少有機會坐車出門，一路上，感覺很新鮮又很興奮，二雙眼睛緊盯著窗外看。

在苗栗聯絡處佛堂禮佛時，一家人雙手合十感恩佛陀的恩澤。三兄弟更感恩姑姑無怨無悔的陪伴、照顧他們。碧玉則感恩慈濟人以愛相隨，讓她心裡充滿溫馨，她發願有機會也要來當志工，回饋慈濟人持續不間斷的關愛與照顧。

導覽時，淑蘭師姊依著海報介紹慈濟的起源，也介紹口足畫家謝坤山的感人事蹟，勉勵他們要學習謝坤山師兄的精神，不因殘缺而自我設限，要做好事，走好路，時時心存感恩。

在靜思書軒內，三兄弟選購好多慈濟書籍，準備回家後好好的閱讀，心思細膩的老二，選了一張感恩卡，寫上「感恩姑姑這麼多年來不離不棄的照顧我們」，兄弟們一起簽名，恭敬地以雙手獻給姑姑。碧玉非常感動也很心疼，當下寫了一家人的姓名給黃玉嬌師姊，發願每個月都要捐善款，當一個手心向下的人，幫助比他們更需要幫助的人，完成她多年的心願。

感恩之旅將盡，姑侄依依不捨上了車，師姊為他們關上車門，車子緩緩往回南庄的方向前進，他們頻頻回頭揮手道再見；看著他們漸漸遠去的座車，似乎看到他們姑侄之間更加地溫馨開懷。

## ♥如親如友十年陪伴

「博強最近好嗎？」中區慈濟人醫會召集人紀邦杰醫師與一群志工來到詹家，一踏進屋內就熱情地和小弟打招呼，個兒嬌小的博強害羞的笑著。詹碧玉熱情迎上前來：「大家新年快樂！」阿公在外面晒太陽，突然傳來咳嗽聲，紀醫師連忙問：「感冒了嗎？還有什麼症狀嗎？」長期參與居家往診的紀醫師，總是不忘定期來探視他們一家。

二〇〇八年，已經二十一歲的博強，身材卻只有幼稚園小朋友的高度，竟日蹲坐小椅子上；哥哥博帆二十四歲，身高也不滿一百公分，矮圓的身形加上短脖子，讓頭和肩膀幾乎連在一起，呼吸也受到壓迫，日日夜夜都還是必須坐在輪椅上，無法躺著睡覺。

這次是因為訪視志工告知紀醫師，博帆長了褥瘡，所以紀醫師準備了外科用藥，與護理師及慈濟志工來到詹家，準備清洗敷藥。但因為博帆圓滾的身軀塞滿整個輪椅，看不到股腿之間的傷口，醫護人員一時之間無從下手。最後，大家集思廣益，找出解決方法，由杜逸成師兄先坐穩在沙發上，然後面對面抱緊博帆，使勁後拉，讓博帆的整個身體壓臥在自己身上，紀醫師及護理師終於能以蹲跪的姿勢，為博帆清洗傷口並敷藥。

那天，從志工走進詹家一直到離開，博強始終蹲坐客廳一隅，沒開口說半句話，只是看著手中捧著的一本書，感覺他好孤獨也不想和外界接觸，著實讓人心疼。

二〇〇九年，博帆右腳又發現感染，義診時，紀醫師發現傷口必須每天消毒才行，雖然已商請較近的醫師每天幫忙清洗傷口、換藥，但後來傷口仍舊潰爛到幾乎侵蝕整個右腳掌，緊急送醫後因腳掌壞死已深及韌帶，且伴隨腫脹和發燒，擔心引起敗血症，危及生命，醫師一度考慮要以截肢搶救生命。感恩醫師想盡辦法施以強力抗生素，終於把病情穩住並保住博帆的右腳掌。

二〇一一年博帆因罹患重感冒，姑姑碧玉將他送往醫院，沒想到就在下車要進入醫院這麼短暫的時間裡，因一口氣接不上，急救無效往生。碧玉打電話告知紀醫師和志工，感恩大家十多年來待博帆像親人般的陪伴與照顧。

博帆往生後，志工仍然持續到詹家探視，弟弟博強又跟往常一樣孤單地坐在客廳的電腦前。紀醫師若是參加人醫會南庄義診，一定會專程去看博強，除了關心身體狀況，也會鼓勵他用電腦觀看大愛電視臺，用「眼睛」和「心」看看世界的美好！

十年來，在詹碧玉感恩慈濟志工的同時，應該說，志工與人醫團隊也見證了碧玉用青春歲月對家人付出的真心，感動之餘，慈濟人早以碧玉堅定的毅力為模範，學習到對無常考驗的韌性。而這條彼此陪伴鼓舞的長路，也會持續下去……

作者／黎瑞香、林垣岑、廖淑美
鄧子彥、羅鳳琴

## 揮別黑暗　迎向陽光

「秀美！秀美！……」

「汪汪……」無人回應，只有狗叫聲。

「秀美……」

「汪汪汪汪汪……」又是一陣狗吠聲，慈濟志工在門前喊了許久還是沒人回應，他們有些擔心地走進探看。「不是約好了時間，怎麼沒有人呢……」

過了一會兒，秀美才慢慢地從廚房走出來，微笑的喊著：「師姊！」

「我們以為妳不在家！」志工劉數妹關懷地說。

秀美只是笑而無語。

林秀美早先的住家比現在還要破舊，先生是靠撿拾資源回收為生，原本清貧的生活因為先生腳受傷導致生計無所著落，被提報為慈濟的照顧戶。

志工們每個月送生活補助金到家裡，但從未見過秀美的正面，只看到廚房昏暗角落處，總有一抹婦人的身影在悄悄注視著，但這身影不敢真的直視，很快地又會縮回身，躲進角落裡。

志工經過一段時日的頻頻關懷後，才終於真正見到秀美，原來她八歲時就罹患神經纖維瘤，臉上、全身都長滿大大小小的肉瘤，而臉頰上的肉瘤更幾乎蓋住整個鼻子。

因為這些肉瘤，讓秀美自卑地離開人群，不敢面對陽光。先生的腳受傷之後，她必須出去工作，但都是特意選擇晚上的時間，到附近的餐廳幫忙洗碗，賺取微薄工資。平時生活開銷支付都有困難，更別提去醫院接受治療了。

志工們了解情況後，還觀察到秀美臉上的纖維瘤不斷在增生，已影響到正常的呼吸。二〇〇三年志工廖菊珍師姊就接續提報給南庄慈濟人醫會，在紀邦杰醫師協助下，接送秀美到大林慈濟醫院做檢查，後來由簡守信醫師（現任臺中慈院院長）開刀，第一次開刀就幫秀美切除了臉上最大的肉瘤。手術費用是大林慈院社服室協助申請慈濟基金會的補助。

其實從就診、開刀到持續的複診，一路都有志工陪伴，細心呵護著她，讓秀美近四十年的自卑心態終於有了轉變。

後來，秀美手臂內側的纖維瘤也越來越大，經常因為摩擦破皮而疼痛不已，紀邦杰醫師在義診時看了非常心疼，也不捨志工陪她來回醫院奔波，就在下一次的義診時，專程帶來手術要用的所有器材，用乒乓桌充當手術檯，幫她摘除手臂上的纖維瘤。

紀醫師說：「以前的她不苟言笑，手術後比以前開朗多了，我希望能鼓勵她做一個手心向下的人，和大家一起走菩薩道。」

## ♥體會手心向下的歡喜

當時苗栗南庄地區的人醫義診團隊才剛於二〇〇二年十月成立不久。

林秀美傷口痊癒後，想要回饋大家的關懷，所以也想出來做志工，劉數妹就邀約她到南庄人醫會幫忙。一開始先安排她當引導，把病患一個個帶到診療區，很少面對人群的秀美有些擔心害怕，但數妹始終在一旁陪伴著，幫助她建立自信，勇敢走向人群。

「每次義診的前一晚，我都會高興的睡不著，恨不得快點天亮，可以去人醫會當志工，因為在義診當中沒有人會看不起我。」秀美靦腆地說。雖然在服務的過程中，偶爾還是會有一些異樣的眼光注視著她，但秀美已經慢慢克服心理障礙，讓自己能夠自在些。

因為心存感恩，單純的她在住家附近的空地種了很多青菜，就等著人醫會義診時，採來送給香積志工在午餐時煮給大家享用，有時收成好，還會多留一份送給和藹可親的紀醫師。她說：「紀醫師是很好的人，每次都會鼓勵我，也不會因為這些瘤而看不起我，他很有愛心，實在是我的貴人，我很感恩他。」

「每次在義診看到紀邦杰醫師來，秀美就像是看到自己的親人一樣，不管別人的眼光如何，就會高興地直接跑去幫紀醫師提皮包，她用這種行動來表達對紀醫師的感恩跟尊敬。」志工劉數妹歡喜地描述秀美的感恩。

志工廖菊珍欣慰地回想這些年秀美的轉變：「以前的秀美總是躲在廚房暗角裡，背對著大家，因為她把心門關起來，沒有辦法面對大眾，自己也走不出來。當時剛好南庄人醫義診團隊成立，就帶她出來就醫，志工的陪伴照顧，讓秀美感受到被關心。後來只要有義診她都會跟著來，就這樣一步一步走出來，慢慢打開心門，從一個本來被幫助的人，變成幫助別人的志工。」

原本只敢在暗夜走出家門的林秀美，在志工與人醫的扶持下，終於走出近四十年的陰暗生活，有自信地迎向陽光，她跟著志工去關懷獨居老人，學做環保分類，甚至開始繳交功德款，雖然有時收入不穩定，劉數妹擔心她經濟拮据要她暫停，秀美反而堅定地說：「就算再苦，我也要繼續繳功德款。」

二〇〇五年，秀美報名參加慈濟社區志工培訓，直到現在，除了幫忙女兒帶孫子之外，每個月秀美都會固定參與人醫會的義診服務。

劉數妹提起秀美的勇敢，眼神透出喜悅：「大家對她信心滿滿，她的未來，一定會是明亮的！」

作者／黎瑞香

# 波瀾起伏勇者心

像我這樣要好也好不了，要死也死不掉，
只能一輩子躺著。
如果不是你們這麼關心我，我想我這輩子
就只有這樣過去就算了。

——吳波

「阿波！」大夥還沒踏進吳波的房間，就親切的呼喚著。臥床的阿波，則是一貫地以笑臉迎接慈濟雲嘉南人醫會醫護及志工的到來。

二〇一二年的二月，寒流來襲，天氣冷颼颼，人醫會的到訪，好似為他帶來一股暖流。

「身體有沒有比較好？」洪進嘉醫師關心地問：「有不舒服的地方嗎？」吳波回應：「都很好，只是最近腸子有時會嘰哩咕嚕地叫。」

「我來看看！吃飯有沒有正常？」洪醫師拿出聽診器聽診，又在吳波的肚子上，輕輕按壓。吳波點頭表示：「三餐都很正常。」

「這不要緊！」洪醫師為吳波打氣，牽起他的手，拗起、拉直又按摩，笑著說：「心情要放輕鬆，手要這樣常常做運動喔！」醫師的關心，讓吳波再度漾開笑容，合十地說：「好！好！真正感恩您常常來看我。」

彩芳師姊趕忙說：「阿波您不用客氣，有什麼需要一定要跟我們說喔！」一陣話家常及關懷後大夥才跟阿波道別。

多年來的陪伴過程，醫師和志工們深深為吳波堅韌的生命勇氣所折服。而這場生命的交會，因為彼此心中的愛，讓每個人的人生都豐富了起來。

## ♥波波碌碌　勇敢面對

雲林靠海，吳波就住在離海邊不遠的四湖鄉裡一間簡陋的三合院，不過，吳波沒有福氣享受看海的日子。

一九六九年，吳波二十七歲，人生正要起飛之際，卻因工作搬貨不慎，被重物壓傷脊椎，加上家中經濟狀況不佳，付不出手術費用，也沒有能力尋求正當的醫療方式，一直延誤病情，導致半身不遂，從此長期臥床。

吳波是家中獨子，二十六歲結婚，育有一女。這場意外，令他失去工作，非但無法就醫，一家人的生活也陷入困境，妻子因此離家而去，留下生病的他及年幼的女兒與老母親。接踵而至的變故，可以說是雪上加霜，無情地摧折吳波的意志，他甚至興起自殺的念頭，想要一了百了。可是，為了稚女和母親，只能告訴自己：「一切都會過去的，絕不能讓母親擔心，我必須更堅強更勇敢地活下去。」

## ♥三根竹竿好幫手

一九九三年，慈濟人接獲通報得知他的情況，經過訪視，年已半百的吳波成為慈濟的長期關懷戶。林仙珠師姊因為地利之便，常常過來關心探視他。

自受傷以來，老母親成了吳波和他女兒的依靠，女兒長大成人後嫁到臺北，有空就會回來看他，而母親往生後，就只剩他一個人，開始了獨居的日子。

過去，有母親協助日常生活，母親的往生，讓他再度面臨生命中的另一個打擊，生活頓失依靠。幸好住在隔壁的堂哥、堂嫂，願意幫他買菜、買藥，有空時堂哥、堂嫂也過來陪他聊聊天，告訴他外界發生了什麼事情，讓他不至於與世隔絕。

回想這二十多年臥病的日子，吳波非常感恩母親、親戚以及慈濟志工們的付出。「再大的困難，只要不放棄，都能解決。」他想，既然上半身還有些活動能力，就應該想方法自己照顧自己。

於是，吳波請人協助在床邊架上水槽、洗手臺、瓦斯爐，再準備三根長短不同的竹竿，一根用來將洗好的衣服，經由床頭邊的窗戶，送到外面去晾乾；另一根則是每晚用來將蚊帳掛好；第三根的功用則是夾東西，這樣一來，只要側個身就能煮飯，洗衣、晾衣；加上擦身、敷藥、換尿布，樣樣自理。

他總是把自己整理得乾乾淨淨，房內也沒有異味，煮飯的鍋子、床邊的洗手臺也都是潔淨無比，讓人讚歎他的巧思，更欽佩他不向命運低頭的精神。

## ♥癒身心傷口　膚慰是動力

由於長年臥床，吳波的雙腿肌肉嚴重攣縮，下肢循環不良又導致腿部皮膚嚴重潰爛。多年來，他總是託人購藥自行塗抹，因為癱瘓，雙手可及之處有限，十幾年來，傷口非但未曾痊癒；一到夏天，脱屑、化膿的情形還會更加嚴重。

慈濟社區志工將吳波的情形回報給慈濟基金會，社工考量他獨居又行動不便，亦將吳波的健康情況提報給慈濟雲嘉南人醫會，希望讓他能得到醫療義診的協助。

二〇〇四年三月，人醫會跟著雲林慈濟訪視志工，從大林慈濟醫院出發，隨行的還有當時的簡守信副院長（現為臺中慈濟醫院院長），驅車近四十分鐘來到了吳波的家。吳波躺在床上，靦覥地打招呼，對於人醫會勞師動眾的到訪，吳波非常過意不去。

簡守信醫師靠近床邊，只見吳波雙腳上方，架著一個紗網，原來，是他怕傷口的血腥味會招惹蚊蠅導致感染，特地請託鄰居做了這個網子，好阻隔蚊蠅。

簡守信戴上手套要幫吳波換藥並檢視傷口，當他輕輕掀開覆蓋的紗布時，吳波趕緊請志工將他腳邊的電風扇打開，他擔心腳上傷口的惡臭會帶給大家困擾。電風扇保持屋內空氣暢通，當然，也希望讓傷口不要因為天氣熱，更加惡化。

有了人醫會醫護照顧傷口，李仙珠師姊又帶著另一位社區志工來為吳波量身，準備做幾件好穿脱的褲子，讓吳波潰爛的傷口保持乾爽，及早癒合。

到了秋天，胸腔外科簡迺娟醫師在大林慈院人文室的邀約下，也來看吳波。吳波看到簡醫師情緒非常激動，原來七月時，吳波因為感冒延誤就醫，造成肺積水被緊急送到大林慈院，那時的主治醫師就是簡迺娟。吳波說，「住院期間，簡醫師對我很照顧，今天又特地來看我，我很激動。」

吳波曾跟長期關懷他的志工說：「像我這樣要好也好不了了，要死也死不掉，只能一輩子躺著，最近這樣生病不舒服，如果不是你們這樣關心我，我想我這輩子就只有這樣過去就算了。」

仙珠師姊轉述這段話和人醫會的醫師分享時，眼角泛著淚光，心疼地說：「年輕的生命就遭逢巨變，吳波雖然以堅忍的意志度過每一天，但隨著年紀愈大，身體功能逐漸衰退，慈濟人的長期關懷，就成為吳波在難過不舒服時的支持動力。」

## ♥清掃修繕　淨域淨心

面對自己的困境，吳波從不自憐自艾；對他人的付出，吳波則是點滴銘記在心。為此，他時時表達出內心的謝意，讓慈濟志工對他又敬又心疼。

雖然吳波平時很愛乾淨，但畢竟他所及的空間，只有上半身可以活動的範圍，志工為了讓傷口有個乾淨、不受污染的空間，花了好長的時間溝通，才讓吳波答應，讓志工幫他整理房子。

在約定的日子裡，仙珠師姊與兩位大愛臺同仁，以及一位做木工的師兄，為吳波打掃沉積多年的灰塵，也趁機修理搖搖欲墜的床頭。躺在床上的他，看志工們進進出出，嘴裡不時地表達歉意和感恩。

在人醫會醫護及志工每個月接力關懷期間，醫師也曾希望協助吳波轉介到當地的護理之家照顧，但生性獨立的吳波，總是笑著婉謝大家的好意。見吳波能把自己打理得有井有序，大家也就不再提議了。

病痛禁錮了吳波的身軀，卻沒辦法阻擋他對自我生命的尊重，真正達到「身有病，心自在」的境地。

## ♥大愛同仁助就醫

二〇〇四年，吳波於七月因肺積水住院。康復返家後，人醫會定期往診時，吳波都反應他感覺右胸疼痛，雙下肢的皮膚潰爛自己也無法妥善處理，醫師建議吳波回院進一步的檢查。經過李仙珠師姊的再三勸說，他終於同意到大林慈院檢查。

但是，預定出發的日期，雲林師兄師姊因為開會和其他勤務，車輛調度出現捉襟見肘的狀況，剛巧錄製《慈濟與您健康有約》節目的大愛臺工作團隊南下到大林，就相約那天早起跟著大林慈院醫護團隊出門當志工，也發心承擔載送，順利解決了車輛調度的困擾。

那是十二月底，炎熱的氣候終於微微轉涼，是個外出的好時節。到了吳波家先打聲招呼，幾位志工師兄就開始在大愛同仁支援的車子前，裡裡外外打量著，討論要如何讓吳波躺得舒服些；有人甚至鑽進座椅下，想辦法要把椅子打平到最平坦的程度。但受限於座椅結構，不管怎麼調整，就是只有一定的角度。大家你一言我一語後，終於產生了共識：「吳阿伯的身體就躺直的，腳放前面坐中間，後座一個人，阿伯左右兩邊各安排一個人。」決定好了，大家又進到屋內跟吳波說明。

「阿伯，你放輕鬆，我們準備要搬了喔！一、二、三……」五位師兄把吳波連人帶著床墊給搬了起來，穿過窄窄的門，把他搬進車子裡，「快！快！枕頭枕頭！頭下再墊個東西。」「腳！腳！找個東西來墊一下。」大愛臺同仁趕緊又從屋裡找來一張板凳，墊在吳波懸空的腳下。

自從癱瘓之後，就再也沒有機會出門的吳波，緊張得直顫抖，同仁與志工趕忙安撫，「阿伯你放心，我們會把你照顧好的。」經過一番調整，終於打理妥當，準備出發！

「出發！車速要慢一點喔！車上有病人。」師兄們互相叮嚀。「好的，我會走寬一點的馬路。」在帶路的師兄引導下，載著吳波的車輛平緩地行進。

到了大林慈院急診室，門口已經站了四、五位大愛臺同仁來迎接吳波。他雖然因為暈車而嘔吐，看著這麼多人關心地圍著他，還是感恩地笑著說：「謝謝你們這樣關心我，真是不好意思，給大家添麻煩了。」

其實，之前大愛臺同仁已從往診記錄的影帶中，間接參與到醫師對吳波的關懷，也對他的堅強與勇敢由衷敬佩，聽到阿伯這麼說，連忙笑著回答：「不會啦，感恩您給我們機會，讓我們出去走走，我們也很想看看您呢！」同仁們超越工作上扮演的角色，親身去感受影片裡的感動，更能體會大愛臺淨化人心的力量，在心裡留下珍貴的記憶。

身殘又獨居的吳波，雖然讓陪伴他的人感到不捨，然而他堅韌的生命力，在艱苦的環境裡，益發顯得光亮。他示現病苦，用生命啟發醫護與志工的慈悲心，也讓大家懂得感恩並珍惜自己擁有的幸福。

作者／于劍興、江珮如、黃小娟、施碧華、何姿儀

彙編／潘俞臻

# 打開心門幸福來

青山綠水，滿山櫻花盛開，悅耳的鳥叫聲環繞在苗栗縣南庄八卦力部落，儼如人間仙境，徜徉其間，令人身心舒暢。

「阿妹，阿妹，妳在嗎？我們來看妳了！」慈濟志工的輕喚聲，迴盪寂靜的山區。

二〇一三年二月，車子沿著曲折陡峭的山坡，轉彎再轉彎，繞行了一大段山路，才終於到達這個部落，這裡的房子外觀都很獨特，有鄉公所特別彩繪的圖騰，代表著原住民的文化精神。豆女士獨自住在美麗的風景區，但是因為地處高山，交通較為不便，每個月中區慈濟人醫會南庄義診團隊，都會特地上山來看她，大家就喚她「阿妹」。

一進豆女士的客廳，就看見可愛的企鵝寶寶玩偶，紀邦杰醫師拿起來欣賞，好奇地問：「這隻企鵝好漂亮，用什麼做成的呢？」

豆女士指著陳列在電視櫃下的成品，很高興的說：「我是用香菸盒折成的喔，常看見遊客丟棄在路邊的香菸盒，心想可以回收再利用，所以在空閒的時候自己看書研究學習，結果越折越有興趣，現在已經可以折出許多不同造型的成品。」

志工們每一次上山來看她，也會同時宣導環保的重要性，灌輸資源再利用的觀念，因此她就在日常生活中力行環保，想為愛護地球盡一分心力。山上遊客多，不只香菸盒，喝完飲料的寶特瓶也到處都是，豆女士每天邊走邊撿拾塑膠、鋁罐及寶特瓶等等，回家分類好，再請侄女幫忙載到附近的慈濟環保回收站。

平常醫師就鼓勵她要多運動，她心想：「一邊散步，又一邊撿資源做回收，也是不錯的運動。」長期下來，不只附近的環境變得整潔，身體也更健康了。

## ♥醫在南庄八卦力

猶記得當年豆女士不小心跌倒受傷，人醫會團隊結合訪視志工到家裡關懷。「我從屋子後面小山坡掉下來，脊椎受傷，痛了兩個月，在床上痛到爬不起來上廁所，是前夫提報給慈濟。」豆女士語帶無奈地說著。

那時候她身體多病，罹患胃潰瘍、心臟病、糖尿病，造成視力不佳，心情鬱鬱寡歡，根本不想活了。看見醫生就訴苦全身疼痛，日子過得好辛苦。

但是自從志工們到來後，每個人笑容滿面親切問候，豆女士起初覺得不可思議，後來心底有了更大的問號：「他們是真心的來關懷嗎？」

幾年下來，經得起考驗的人醫團隊總是噓寒問暖，除了檢查疾病，也三不五時叮嚀：「山裡面比較濕冷，睡覺時旁邊要放一件厚衣服備用，要時時保持溫暖。」「有心臟病的人，不要爬高喔！」潘昆瑩醫生說的每一句話，直竄豆女士的心坎裡，讓她倍感世間溫情。

日子一天一天過去，醫病間就像家人一般互動。「我當顧問，由豆女士當『執行長』，因為我負責給她一些醫療及生活上的建議，她負責認真執行，身體愈來愈健康。同時，我把她當成朋友，她也把我當成朋友，這四年來，已經建立良好的溝通方式。」潘昆瑩醫生爽朗說著。

原本因為久病，自理能力不足，再加上情緒低落，導致身心狀況更走下坡，人生變成灰色，如此惡性循環，身體影響心靈，讓豆女士顯得相當蒼老，逢人就訴說病痛的辛苦。可是經過義診團隊幾年的關心和陪伴，潘醫師說：「現在豆女士十分開朗，每當義診來到她家，就會拿出年輕時漂亮的相片來回憶從前，也會向新來的志工自我介紹，和大家都沒有距離。」

的確，開朗有信心，就是豆女士目前的寫照。

## ♥簡單生活學習付出

「你們說話溫和又親切，讓我感覺還沒有吃藥，病就好了一半。很感謝在我遭遇困難的這幾年，有醫療團隊的照顧，才能走出陰暗的日子。」

豆女士覺得自己真的太幸福了，得到許多人的關懷，所以也想要把握因緣，學習志工們付出的心。現在她會抽空到頭份鎮上的醫院做志工，雖然一大早需換兩班車才能到達，但是自己有能力為別人服務，心裡真的很高興。

有一次，紀醫師關心的問：「一個人住在山上，生活起居還好嗎？」豆女士笑著說：「簡單就好啦！自從聽師姊說素食好料理又健康，所以改吃素食。用一點水，下一點油，簡單幾道菜方便又營養。」

過年節日不拜葷食，改拜水果。素水餃一次只吃六個，省下來的錢，在義診時繳給慈濟志工，豆女士漾著笑容說：「隨喜功德，盡自己微薄力量，做一點點善事而已，幫助需要的人，這樣不是很好嗎？」

紀醫師拍拍她的肩膀說：「很棒，做的好，祝福妳！」

「醫生每次來都非常關心我，彼此閒話家常，不只是醫我的病，也醫我的心，他們就像哥哥一般。」豆女士開懷哈哈大笑。

人醫會初來關懷的那年，豆女士的兒子才就讀國中，一晃至今，已是邁入第四年了。許多時候是看診時間少，談心時間多，只要看見大家到來，她都很開心地在門口迎接。

## ♥特別有意義的一天

從二〇〇三年就開始，參加義診已經十年的潘昆瑩醫師回憶說：「太太一直要我投入慈濟義診，剛開始，總存著只想交差的心態。第二年及第三年，接觸更多的義診個案，感覺他們真的很需要關懷，不只需要醫療而已。結果，後來義診變成我的優先選擇，如果時間上有衝突，我都會儘量以義診為優先。這幾年下來，心裡十分踏實。」

而潘醫師的太太許翠華也是醫護人員，除了鼓勵先生參加義診，自己也一起投入。每一次義診都讓這對醫護夫妻感覺複雜卻又美好。當下看見病苦貧困時，心中都很不捨；但投入這件有意義的事，又已經變成一種快樂的習慣；返家後，每次想起全心診治而無所求那特別的一天，真是難忘又美好的回憶啊！

潘醫生感受很深：「義診那一天特別有意義，施與受相對，回家後特別好睡，自然去，自然回來，每個月接近義診的那一天，心裡就一直盼望著能夠參與……」

兩夫妻異口同聲地說：「雖不知道往後還有多少因緣，但是只要有機會，絕對會多多參與，因為每一次的義診，都是一次見苦知福的機會！」

作者／林垣岑、林素貞、章麗玉

# 四十而立學步走

縫紉機嘎嘎嘎的聲音，有時長有時短，布料在謝素絨的手上，有時前進有時迴旋，就像是青春的舞者，在人生舞臺上自在悠遊，也像謝素絨的人生，在轉彎處遇見慈濟，陪伴她舞動人生。

謝素絨的父母務農，小學畢業第二天，她就跟著堂姊到紡織廠工作，希望早一點分擔家計。十六歲時，她的四肢關節卻出現紅腫、疼痛、僵硬，不得不辭去工作。

看過不少醫師，也曾赴南部大醫院就診，然而，藥物只能止痛，無法改善她右腿疼痛、難以伸直的情況。情急之下，只要有人說什麼方法有效，謝素絨都會去試，也嘗試過電臺廣告的各式藥丸，無奈服用後都沒有效果。

後來有人介紹某位保證疾病斷根的「老師」，對方連續送來兩次藥，謝素絨的父親則奉上十幾萬元，病痛依然未除；這對經濟並不寬裕的謝家來說，毋寧是個沈重的打擊！

## ♥病痛折磨　寄託佛法

謝素絨舉步維艱，鎮日困在家裡，電臺廣播成了她最好的朋友，尤其佛教法師講經說法的節目，「那麼，我的『業力』應該被那個人『揹』走了吧！」錢財損失之後，謝素絨失望之餘自我安慰。不過，這次經驗讓她徹底斷了治療的信心，只願服用止痛藥。

謝素絨苦於手、腳關節變形，無法靈活運用肢體，「移動」對她來說是件艱難的事。一早起床，她藉著一張長腳凳當作助行器，從房間穿過院子到廁所，這不過正常人數十步的距離，她卻得走走停停又坐坐，足足花上一小時！每次，她都在還沒有尿意時就起身移動，否則還沒到廁所都尿急了！也因此她不敢多喝水，於是健康情形更糟。

上完廁所、折回房間經過廚房，她便順道進去廚房煮菜。雖然削一條絲瓜都得忍痛花上老半天，煮兩道菜的時間已達體力的極限，但她想讓父母從田裡工作回來就有飯吃。

一九九六年，謝素絨三十二歲，病情加劇，她的雙腳完全不聽使喚，已經無法站立，活動空間從三合院退回小小的床鋪，吃飯、洗臉、擦澡、如廁等都在床上，生活完全仰賴母親協助。

母親身子差，但農事、家務卻樣樣少不了她。一大早下田之前，她會在謝素絨的床頭擱了一盆水，讓謝素絨自行洗臉、刷牙。漸漸地，謝素絨的手也無法使力，有一天她母親赫然發現素絨臉上長出一層油膜，房裡也時常彌漫著尿騷味。

這兩坪不到、陰暗潮溼的房間裡，謝素絨蹉跎了青春，忍受著拖累父母的歉疚，聽廣播電臺的佛教節目，尋求慰藉。信佛的她，因為相信因緣果報，而能樂觀接受病苦，從不埋怨，然而，時間卻無情地繼續侵蝕著她的健康，也消磨她父母的體力。

謝素絨喜歡曬太陽，但是，每次都得麻煩父親抱上抱下才能坐輪椅到戶外，她變得不敢多要求；而且，更令她難過的是，母親一度中風倒下，被緊急送醫住院時，還一股腦兒牽掛著：「阮絨仔在家有沒有水喝啊？」

因為與佛法結緣，也讓她懂得布施植福，即使沒有工作收入，靠著家人及親友給的零用錢和政府補助，她隨喜布施。

「有病不醫是不孝！」有一位電臺節目主持人常接著這句話，來一段藥品廣告。她同意這句話，卻不知道何處去找高明的醫師？

## ♥人醫往診　生命轉機

慈濟志工鄭惜關懷謝素絨十多年，是謝家常客。二〇〇四年，雲嘉南慈濟人醫會透過訪視志工找尋需要幫助的個案居家往診，鄭惜雖然知道謝素絨和她父親早已接受現況，仍然提報給人醫會。

「只要吃藥控制，再更換人工關節，應該可以恢復走路。」當天出診的人醫會醫師顏韶宏認為，謝素絨雖然因為放棄服藥導致病情惡化，但是並非無法處理，建議她最好到醫院接受專科醫師的診治。

「那雙腳軟趴趴，沒有肌肉都是油，腿的上、下兩截就像兩根竹子，中間裝個東西就能走？」謝素絨的父親年輕時學過推拿，曾企圖以啞鈴和枕頭把女兒變形的腳「壓平」，但沒奏效。憑著經驗和實驗結果，他提出質疑，不相信女兒廢了八年的腳，換個人工關節就能再站起來，更不敢奢望走路這回事。

而且，謝素絨的父親還有一層顧慮——農家人靠收成吃飯，老伴身體不好，若須三番兩次陪女兒到醫院，農作物豈能如期採收？交通花費加上更換人工關節，不知要花上幾萬元……想到這裡，不禁面有難色。

反倒是謝素絨，聽見醫師認為她還有希望走路，躍躍欲試。

「看病有健保，醫藥費若超出能力，慈濟可以幫忙；素絨到慈濟醫院治療，志工可以幫忙照顧。」鄭惜和謝素絨的父親溝通，徵得同意之後決定擔起責任。後來，長達七個月的日子，她密集往返謝家與大林慈院溫馨接送謝素絨，而且也在住院期間擔任看護。

## ♥三分醫療　七分努力

二〇〇六年九月，素絨坐著輪椅第一次來到大林慈濟醫院，當時的她雙手孱弱無力，雙腳無法站立，只能倚靠六旬父親抱著上下車，全身筋骨更因冷空氣鑽入皮膚毛孔，而感到痛楚難耐。

從十六歲罹患類風濕性關節炎，由於發病時的醫療不發達，加上鄉下資訊較封閉、生活環境也封閉，素絨一直忍受著蝕骨侵髓的疼痛折磨，直至全身關節僵硬變形，最後這斷不了根的病，幾乎成為她永遠不得解套的生命枷鎖。

搭上鄭惜的車出門後，謝素絨發現小時候走過的道路變寬、橋也改建，她期待著自己的人生也能像窗外奔馳的風景一樣有所改變。

「怎麼拖到現在才來？你的醫療常識跟不上時代了！現在醫療科技已經很發達了喔！」過敏免疫風濕科主任賴寧生（現任大林慈濟醫院院長）惋惜地直言並要求素絨立刻住院接受新藥治療。幾天後，謝素絨四肢的活動力明顯有了改善。

經過X光檢查，謝素絨的關節變形、退化嚴重，但賴寧生醫師一開始就肯定她一定能走，建議謝素絨更換人工關節。

起初，謝素絨因為怕痛而猶豫。

「你才四十歲，人生的路還很長！」賴醫師勸說。

「不開刀，我的人生只有這樣；若是開刀……」有了醫師和志工的保證、支持，謝素絨大膽想像手術最壞的結果頂多維持現狀，跟醫師說：「若是能走，未來換我照顧父母。」

「腳好了，也可以跟師姊做志工啊！」賴醫師補上這句話，謝素絨決心一試。

會診之後，由骨科醫師劉耿彰負責人工膝關節置換手術，第一次面對這樣的大手術，素絨難免惶惶不安，但她知道這是轉變的契機；儘管手術成功，實際上踏地行走，卻遠比她想像中的還要困難，復健期間，醫療團隊與慈濟人的一路相伴，一點一滴增強她走下去的信心。

出院當天，劉耿彰來到謝素絨床邊，親切的臉上帶著自信，笑說：「來，今天要站起來給我們看！我扶妳。」

看著謝素絨站在面前，劉耿彰懇切地告訴她：「三分，我們幫你解決了！剩下的七分，要靠自己。回去以後要練習站，站穩了學走。要能站、能走，開這個刀才有價值！」

回到家，鄰居、親友都來探望，看著謝素絨從輪椅上站起來，大伙兒都替她高興。謝素絨也常坐輪椅四處逛逛，遇到她的人都會特別打招呼，「不到三個星期，大家又都認識我了！」她內心喜孜孜地，覺得自己彷彿在眾人的記憶中復活。

術後半年、中秋節前夕，鄭惜和慈濟志工送月餅來，見謝素絨還是十分仰賴助行器，也決定為她加把勁。

志工楊慶堂看到謝素絨父親準備了材料，立刻找來工具，在屋簷下走廊釘一個復健用的扶手，大夥兒接著，你一言我一語的鼓勵謝素絨上場試用。謝素絨空手一路往前走，猶如娃娃學步，現場氣氛既興奮又緊張。楊慶堂拿起一把椅子在謝素絨前方晃動，身體卻不斷退後，引導她繼續前進，走累了才能坐下休息。「第一次練習就走二十一步！」謝素絨被自己的成績嚇了一跳！

## ♥模仿典範　及時行孝

走路，帶給謝素絨很大的成就感！她從大愛劇場「草山春暉」學到高家老母親推著輪椅出門，既可當作助行器或置物推車，走累了還可以坐下休息。

謝素絨能走了，鄭惜又鼓勵她下廚；而今她不但做飯，還自行去買菜。父親開心地告訴鄭惜，這女兒大半輩子靠他吃飯，現在能去買菜，他可得讓她付錢，「換她養我們兩個老的囉！」

下廚烹煮父母愛吃的菜餚，討他們歡心，謝素絨還能自憑喜好掌廚作主。她笑說與人分享，自己畢竟還是「少年人」，總不能餐餐跟著父母吃那種煮得「爛爛」的老人菜吧！

過去，謝素絨每餐飯都由母親端進房裡吃；現在和父母同桌吃飯特別開心。有時，謝素絨不忘調侃母親：「有一回哥哥回來，母親忙著招呼他們，直到大家吃飽，竟忘了不能走的女兒仍在房裡『嗷嗷待哺』！」

想起過往，鄭惜抱歉地對謝家說：「剛認識你們的時候，因為還沒有大林慈濟醫院，也沒想到要積極的鼓勵素絨去就醫。」謝素絨的父親則靦腆地說：「感謝慈濟幫忙，把阮絨仔的病治好，感謝你們時常來看她。」

## ♥反哺孝親　感念恩澤

鄭惜也引導謝素絨要感恩父母。「這是一雙偉大的手！」謝素絨一聽，馬上牽起母親的手說。想起母親為自己所付出的辛勞，謝素絨眼眶濕潤。

「素絨，有沒有跟媽媽說過『我愛你』？」鄭惜再加把勁。

謝素絨在眾人面前擁抱母親，獻上親吻。而她的母親則訕訕地笑著，被動地接受了女兒生平第一次獻上的摟抱和親吻。

放開後，謝素絨提高了聲調：「哇，四十二年來第一次咧！」彷彿要藉此趕走她的羞赧，聽女兒這麼大聲一喊，因為歡喜，謝媽媽那缺了牙齒、乾癟的嘴笑得好開心！

「以前的我好像坐了十幾年的月子。」素絨笑嘻嘻的臉，就像一顆太陽一樣，散發著熱能與光芒，曾經，她在幽暗的房間裡度過十多個寒暑，三餐也得由母親送到床邊。天氣晴朗時，她偶爾將腳丫子伸出床邊的窗框，假想站在陽光下的溫暖與世界的明媚，這是如今回憶長夜漫漫的病榻歲月裡，殘存的一絲美好，「那時覺得能曬到太陽真好，現在，可是曬到都受傷了哩！」

曾以為自己一輩子將在床榻上終老，不能反哺是她最深沉的遺憾，如今父親年邁，母親也已是個需要人服侍在側，行動無法自如的老人了，「很開心我能在父母還在的時候站起來！」雖然自己的行動不那麼方便，但能為父母料理每一餐，協助操持家務，素絨感到很滿足。

## ♥環保行善　步步跟隨

能自己走動的謝素絨，還如願地跟著鄭惜的腳步出門「做慈濟」！「我已經浪費了二十多年寶貴的光陰，只要我能走，就要趕快跟著師姊做慈濟。」這些年來，在鄭惜師姊與臺南慈濟人的接引陪伴之下，素絨走進慈濟會所、環保教育站，再一次踏出家門，發現街景迴異、樓房四起，這一病，讓素絨彷彿轉了一世。

「師姊鼓勵我，要走出去，才能體會上人的法。」這小小的一步，素絨足足走了將近二十年，她堅定對準方向，不想再蹉跎生命。

她和鄭惜應慈濟「大愛媽媽」邀請，到學甲國中與學生分享心路歷程。活動地點在二樓視聽教室，她順著樓梯往上看，內心沒有膽怯，將上樓視作挑戰目標；就這樣，一步步穩健地走上了二樓，師生和志工都報以喝采！正好也讓學生印證大愛媽媽要送給大家的那句靜思語——「信心、毅力、勇氣三者具備，則天下沒有做不成的事！」

「素絨，妳雖然會走路了，但是還是沒有本錢跌倒喔，要多注意！」鄭惜時時熱心、細心的提醒。為了讓她順利踏出志工的腳步，她與謝素絨幾乎是如影隨形，只要有慈濟活動或回醫院複診，多半時候也還是她擔任專屬「司機」。

在鄭惜陪伴下，謝素絨參加志工培訓，也把握因緣在社區多次分享心得，不但參與慈濟醫院發起的義賣，也加入慈濟會員，更做起環保志工。

但好不容易緩步向前，身體卻並未從此一帆風順，二〇一一年關節竟突然鬆脫，素絨又回到大林慈院接受了第二次的人工膝關節置換手術，這次的波折沒有打擊素絨的勇氣，還更堅定素絨要走出去的決心。

## ♥學習巧藝　協力牽成

二〇一二年初，慈濟佳里園區成立巧藝坊，在鄭惜與蔡美津師姊的鼓勵之下，素絨踩著搖晃的步伐，踏進一個新的世界，學針黹、做女紅，完成的作品捐助佳里園區的運作，護持更多人的慧命成長。

由於全身關節均已受損，素絨得付出更大的力氣，面對更多的失敗與挫折，「別人做三只，你做一只或半只就好了。」師姊的循循善誘，加上所有人的扶持與協助，素絨漸漸開朗地接納自己的不足，握不住剪刀，她得開口，穿針換線時，她得開口，須起身走動，她得開口，而這也讓她知道身邊的人都是有求必應的觀世音。

每個星期有三天，謝素絨會自己搭公車到慈濟志工李綉鐘家附近的公車站，再和大家一起共乘到佳里連絡處的巧藝坊，用自己的雙手和大家結好緣。

右腳踩在踏板上，雙手不停地移動檯上的縫布，看似簡單的動作，不說卻沒人知道，對患有類風濕性關節炎的素絨來說是多麼吃力與疼痛。操作這臺縫紉機的手與腳，已經彎曲變形，雖然細緻動作不那麼靈便，卻絲毫無礙素絨想多做一些的那股拚勁。

若非疼痛發作到寸步難行，素絨說什麼都要到巧藝坊「上班」。有一回，巧藝坊收到了一筆六百個袋子的訂單，素絨開心地帶回家渾然忘我日夜趕工，交付任務之後的代價卻是踩踏板的腳發炎了，這會兒得休息個好幾天，讓素絨是既滿足、又懊惱。

## ♥募心傳愛　善的循環

雖然她生命最璀璨的青春年華，是在病榻與徹入心骨的疼痛中度過，但如今的不舒服較之於當年，已經顯得微不足道。更難得的是，在被幾近無望的病痛折磨了二十多年之後，素絨能有再次發揮良能的機會，一定要以感恩心好好把握住有用人生的每一分每一秒。

二〇一二年底，謝素絨有了新的想法，她想用自己親手車製的包包向醫師募心！來到大林慈濟醫院骨科診間，素絨心想，「醫師是救拔自己生命的恩人，該怎麼開口向醫師募心？」在心中反覆躊躇、演練了好久，素絨才敢說出口。

沒想到劉醫師不僅爽朗地答應義買，還讚嘆她的手藝好，向她追加了訂單呢！

慈濟志工打開了素絨封閉的心門，慈濟醫護療癒了她的病體，重新站起來的素絨，滿懷感恩勸募愛心，就在大家開朗的笑聲中，匯聚了愛的能量，啟動了善的循環。

作者／葉文鶯、何姿儀
彙編／潘俞臻、曾慶方

# 第二篇　診間，無所不在

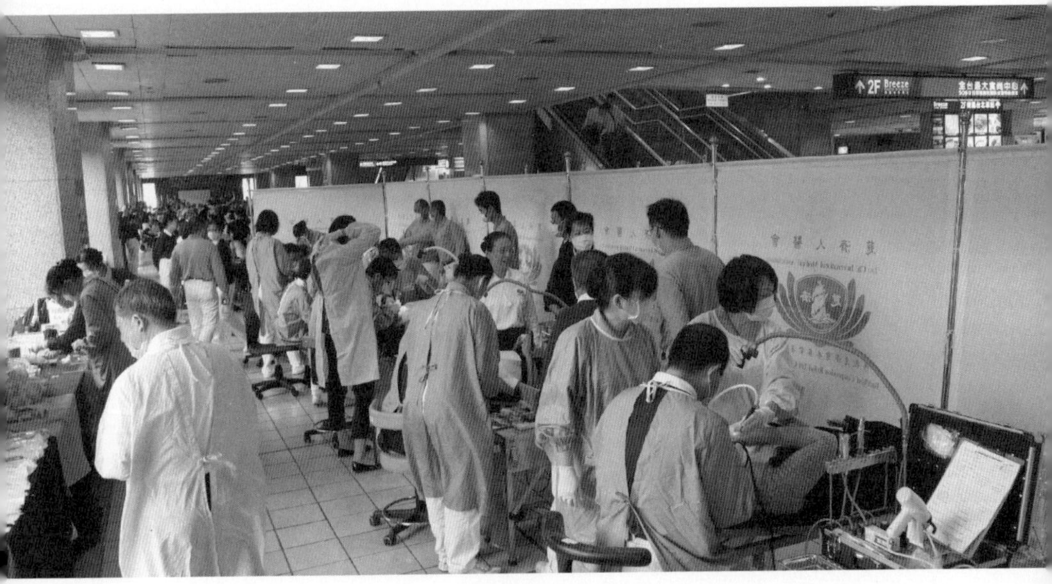


空間無情，人間有愛，

「病人走不出來，

我們就走進去。」

於是……

病人，在哪裡；

診間，就在那裡！

# 十年屏東啟智行

這是二〇一三年三月三十一日的上午九點，在屏東啟智教養院，二十九位來自屏東及高雄地區的醫護人員與慈濟志工，自行攜帶牙科專用的行動診療椅，為三十九位院生進行補牙、洗牙、塗氟。此外還有肝膽腸胃科醫師用超音波檢測儀，為患有　型肝炎的院生進行腹部超音波檢查，追蹤健康狀況。

高屏區慈濟人醫會自二〇〇四年開始這項義診行動，至今已邁入十周年。牽起這分因緣的慈濟志工邱炳輝回想，二〇〇二年他在社區機構關懷時，接觸到自家附近的屏東啟智教養院，自那時起，只要有空，他就會去陪伴院生，還邀約社區慈濟人在每個月第三個星期六下午，定期前往教養院帶動團康。長期互動下來，雙方的情感就像一家人，慈濟屏東分會的冬令發放暨圍爐活動，也好幾次邀請院生來表演鼓陣，歡欣活潑的表現讓大家都很讚歎。

## ♥付出十年不間斷

雖然是九點開始進行診療，不過，早上七點人醫會後勤志工就已經來到這裡組裝牙科設備，這是一項費時的工作，義診開始前就必須準備妥當，志工們一點都不敢馬虎。

「師伯，師伯……」院生一見邱炳輝進入教養院，好開心地跑來跟他打招呼。

指著一張大大的海報看板，寫著「歡迎慈濟人醫會蒞臨」字樣，孩子們露出開心的笑臉。邱炳輝也笑著和他們打招呼。

二〇〇四年時，得知院生要到醫院治療牙齒有困難，邱炳輝就積極洽詢人醫會是否能前來義診。慈濟人醫會屏東聯絡人蕭志忠在評估就醫情況與需求後，就此展開屏東啟智教養院的醫療援助計畫。不過，院生們雖然無法照顧自己的牙齒，卻更排斥看醫生，經過長時間的陪伴，才讓他們放下心防，看到志工們就如見到親人一樣，安心的接受治療。

剛開始是每個月義診一次，過了五個月後，大部分院生的牙齒狀況改善了，才改為每半年一次。有時會應院方的特殊需求而增加科別，例如眼科及皮膚科，還針對患有　型肝炎帶原卻無法到醫院就診的院生，再增加腹部超音波檢查，以及後續追蹤治療。

「十年來，我們的孩子真的受惠很多。」院長史慈慧很感謝，尤其是在孩子們上診療臺時，並非那麼順利，每次都要麻煩醫護人員及師兄師姊費心協助，又哄又安撫的。而院方護士也很盡心為義診活動作記錄，因為還要做後續追蹤，有些孩子在義診時只能作初步檢查與治療，問題較嚴重的還是要帶到醫院治療。

這些特殊的孩子與外界接觸最大的問題仍是人際關係，史院長說：「本來就不容易被外界接受，再加上孩子們口腔保健不佳，產生異味，更容易影響人際關係。」

「義診對這些孩子有什麼幫助？」有人好奇的問。

「最重要的是健康，由於孩子們口腔衛生健康了，感冒次數也降低了，尤其外出時，別人比較不排斥相處，孩子們得以融入社區，在人際互動上明顯有改善。」史院長用力點頭地肯定，「這對我們的幫助真的很大，十年呢，這要有很大的愛心才能持續下去啊！」

雖然也有醫院或診所願意接受院生去做檢查治療，但畢竟還是少數，因為要安撫這些特殊的孩子，並非易事。

「義診能為所有院生做全面性的牙齒健檢，真是太好了，這樣可以避免很多問題，因為這些特殊孩子聽到機器運轉的聲音，容易害怕恐懼，就算只是塗個氟而已，也是嚇個半死尖叫不已。畢竟院內是他們熟悉的環境，抗拒或恐懼的心相對降低，對治療的接受度就比較高。」史院長心疼這些院生，深深感謝這麼多年來，慈濟能持續來辦義診。

## ♥愛心協助小天使

在超音波區內，就聽到柔和的引導聲，「來，往這邊躺下。」醫護人員除了要安撫孩子們看到醫生及機器就緊張的情緒，還要幫忙「出手」、顧前顧後地讓院生好好躺上診療床，結束了要下床也要用力扶他們起來。

需要花力氣才能讓院生穩妥地固定躺好，還要注意他們身體的平衡，護理師程雯霞分享：「很佩服每天照顧著孩子們的教保人員，真的辛苦了。」她建議協助者要戴上「護腰」來保護自己，以避免腰部過於勞累或受傷。

此時，小小空間裡傳出歌聲「有緣，無緣，大家來作伙，燒酒喝一杯，乎乾啦，乎乾啦」，原來是教保老師劉秀珍唱著院生阿壽最喜歡的一首歌，來減緩他的緊張感。

阿壽是一位視障生，只能聽聲音辨別熟悉的人，也因為平時需要聽聲音定位，教養院老師會訓練他、強迫他自己走路，減緩肢體的退化。今天他要做牙科和腹部超音波檢查。

每位院生從一個檢查點到另一個點，都需要有人協助，光是牙科檢查就需要特別多的人力就定位協助，所以有一些健康狀況較好的院生，平時就被輔導老師訓練成「小天使」，給他們機會為人服務。永源就是其中一位，除了要幫忙將就診單正確的送達各站，也要將看完診的院生送到下一站或陪伴回教室。

「這樣走來走去的會不會累？幫助別人的感覺怎麼樣呢？」雖然忙進忙出，永源笑嘻嘻地回答：「很快樂。」

另外，小天使們還要記住每位院生所熟悉的方式。

永源會牽著阿壽的手放在自己的肩膀上，讓阿壽跟著自己的引導。站在一旁的人這時看到阿壽的嘴角上揚，開心地一步步跟在小天使永源後面走，大家注意到永源的貼心，看見他所有的動作都配合阿壽，注意阿壽腳步有沒有跟上；他們走起路來，就像搖籃般左右晃動前進，永源說：「這是阿壽最喜歡的走路法。」

## ♥山巔海島遍足跡

為院生看牙時，志工除了要協助燈光照明，更重要的是安撫心情，如果碰到抗拒心重的孩子，就需要院方的老師準備大方巾圈住他們的手腳，一方面保護孩子的安全，另一方面也減低掙扎的危險性。

常參加義診的牙醫師陳學君分享，治療啟智院生有很大的不同，因為孩子們的反應較劇烈，要先安撫院生不安的情緒，才能在短時間內完成治療。不過，他也感嘆地說，雖然一般的醫療院所願意加強協助這些特殊孩子，但是，實際上要執行還是比較困難，耗費的時間和人力，要比幫一般人治療多好幾倍，而且也要能耐住性子，是很耗費心力的。

每次義診結束，人醫會成員與志工會開個小會檢討改進，例如：正常看診程序在這裡是行不通的，像填補蛀牙的材料對這邊的院生可能效果有限，下次要換一些比較不怕濕氣、不怕沾到口水的材料，對院生比較有幫助。從每次義診實際發生的狀況檢討改進，如同證嚴上人常提醒的：「多用心」，做了一些小小的調整，就能帶給教養院生們的健康更好的改善。

十年來，高屏區慈濟人醫會除了持續為屏東啟智教養院院生義診，還走過山巔（滿州鄉）與海島（琉球鄉），近兩年來，也開始在屏東中山公園為街友進行衛教與義診服務。未來，希望有更多的醫護人員一起來參與義診，讓生命的風景更加燦爛。正如牙醫師陳學君所說：「有時間又有能力可以來這裡盡自己的一分力，是很開心的，因為付出的過程很幸福又很快樂。」

作者／陳美蓮、簡莉真

# 北嶺送關懷

晴空萬里、艷陽高照，又到了新北市瑞芳區的定期義診日，北區慈濟人醫會成員，包含臺北慈濟醫院趙有誠院長及醫護行政二十多人，一起來參加今天的活動。

首先來到建基社區，這裡人口大多已外移，大部分只剩下老人守著家園，我們沿著山邊階梯到一些老人家中看診。趙院長注意到有位老先生並沒有按時用藥，許多藥都已經過期，就一再叮嚀按時服藥的重要性。還有位九十歲的廖老太太因為生病不舒服，很久沒踏出房門，趙院長鼓勵她的家人，要多帶老太太去外面走走，呼吸大自然的新鮮空氣才能有助於病情恢復。

走這一趟，趙院長有感而發：「北部地區的醫療資源豐富，這次來到瑞芳，卻見到老人家們經常不依醫師處方按時服藥，即使有看醫生，效果卻不是很好，其中一個原因，應該是老人家長期欠缺關懷吧。」

藥師洪茂雄也說：「定期來建基社區居家往診，最主要目的是來關懷病患用藥情形，許多老人家到醫院看診、拿藥，但回家後沒有按時服用的情形很普遍，藥品過期了也不知道，所以，這次特別提供病患專用藥盒，一格一格地放每餐要用的藥，可以提醒老人家要按時服藥，也能預防他們重複服藥。」

大部分老人家沒有親人陪伴，除了身體健康狀況不佳，居住環境也比較亂，有些甚至對於往後的人生已經放棄，也不再有期待，生活幽暗、心情落寞，不認真照顧自己，痛的時候才會吃藥，就這樣堆出了許多過期的藥物。往診時，藥師雖然會幫忙整理藥品，但是，之後老人家還是回到老習慣，有時候吃藥有時候不吃的。因此，慈濟志工在平日裡前往關懷時，也會特別留心這種情況。

談起瑞芳，有著深深的懷鄉之情，出生於瑞芳深澳的喬主祕說：「早年瑞芳居民以捕漁為業，是個典型的漁村，人口最多時有四、五十戶，隨著人口外移，現在留在瑞芳的大多為老人及小孩、外勞，幸好有人醫會，能將觸角延伸到家鄉，讓當地居民有更多的醫療關懷。」

## ♥親身悟苦　反觀自照

偏遠山區的個案散落在各地，蜿蜒難尋，連吳盆師姊與志工夥伴們會在前一天先走一遍，在路上用石頭做記號，這個記號要與登山團體的不同，又要下雨天也不會消失的，實是煞費苦心。她坐在車上指揮著開車的志工左轉再右轉……，簡介個案的狀況如數家珍，近八十歲的年齡，還是頭腦清楚身手矯健，用心的把每件事情都做好。因此若是說起連吳盆師姊，人醫會醫護志工都豎起大拇指稱讚。

臺北慈濟醫院副院長徐榮源是肝膽腸胃科醫師，談起參加義診的經驗，最重要的是從中感受「見苦知福」的道理，還能進一步了解當地的醫療狀況。他說：「我會提醒自己從醫療的觀點來看居家安全，像是地板會不會太滑，或是廁所有沒有裝置握把，家門前的坡道會不會容易摔倒等等……」因為老人們經不起摔，環境的安全直接影響老人家的健康。

徐副院長回想起，曾經帶著兩位學生參與義診，一位老人家，家裡的時鐘已不知停擺了多久，布滿灰塵，環境也凌亂不堪，於是結合志工，幫忙老人沐浴及打掃環境，讓這些年輕學生留下了深刻的印象。他特別提到：「年輕人都急於要學到專業技術，但是在這裡，他們是先學會做人，關心社會，才能成為一名好醫師。」

幫這位老先生沐浴之後不久，有一次他回到鄉下看望家人，父親說身體很癢，他忽然驚覺不曾幫自己的父親洗過澡，於是先細心幫忙沐浴後，再擦上藥膏。行善行孝不能等，是在每次去義診時，都會再三省思的道理。「我自己和學生們透過義診都能有所體悟，我也相信這樣的付出，對他們未來行醫會有很大的助益。」

## ♥辭職嶺上求醫難

除了瑞芳，北區慈濟人醫會也會定期來到群山圍繞的新北市雙溪區，前往更為偏僻的「辭職嶺」義診，從雙溪開車還得再開至少四十分鐘的蜿蜒山路，才能到達極需醫療協助的泰平里。

雙溪的辭職嶺，海拔約四百五十公尺，山勢險峻，舊時稱為「流眼淚坡」，在雙泰公路未開發前，是雙溪通往泰平地區的唯一步道，步道崎嶇難行，行人走到嶺頂無不汗流浹背，氣喘吁吁。

一九七〇年間，某位分配到泰平國小任職的老師，在報到當日，由雙溪徒步三小時餘抵達此處，已筋疲力竭無力前行，只見眼前還需再翻山越嶺才能抵達任教的泰平國小，感慨前路艱辛，遂返回縣府遞出辭呈，因此雙溪居民將「流眼淚坡」改名為「辭職嶺」。

雖然這些年，雙溪區已經延伸修築完成通往辭職嶺上的唯一道路，即雙溪到泰平的雙泰公路，但一天只有三班公車，方圓數公里內，不見人煙，出入交通極度不便，世居這座山上的長者，醫療照護成為最需迫切解決的問題。

這天一早，在低溫大雨濃霧，能見度不及二公尺的惡劣天候中，眾人向辭職嶺挺進。車子一路隨著山壁與絕壑的道路蜿蜒上山，雨愈大，霧更濃，伸手不見五指，加上交叉不斷的鄉間小路，考驗著李蕭臺師兄開車與認路的智慧。

「是這條路嗎？」

正疑惑時，抬起頭，見後照鏡上放了一張上人法照，上人和煦的眼神給了車內人最大的安定感，在連吳盆師姊的指引下，大家終於安全抵達。

「謝謝救命！」

一行人突破重重迷霧，終於抵達八十歲方老先生的住宅。

方老先生因中風而失去行動能力，因此常年癱瘓在床。趙院長步入兩坪不到的和室房間，立即聽到呼吸喘鳴聲，護理人員為方老先生測量血壓，數值相當高，趙院長眉頭深鎖，對方老先生的兒子說：「老菩薩現在的狀況要趕快治療，尤其現在山上天氣冷，下大雨，原本的中風加上高血壓、氣喘，要趕快醫治，千萬不能拖！」因為狀況危急，志工隊伍裡在慈濟醫院工作的同仁隨即安排，協助方老先生轉診到臺北慈濟醫院，接受詳細醫治。

方老先生的兒子眼中噙淚：「爸爸原本只有中風，沒想到今天早上開始併發氣喘，還好您們及時來義診，否則老爸真的就危險了！」一旁的鄰居也非常感動，頻頻說：「謝謝救命！」

接著一行人來到地勢更高的聖寶宮，許婆婆三十五年前發心到荒煙蔓草的辭職嶺上興建宮廟，讓嶺上居民參拜禮佛。年已八旬的她，近幾年為脊椎問題所苦，在數週前手術開刀治療患疾。

當天山上的氣溫只有攝氏八度左右，護士為許婆婆量血壓時，血壓計上數字卻飆高，仔細詢問，才發現剛開刀不久的許婆婆一天竟只吃一次藥，早上六點多起床，到十點多都還沒服藥，導致血壓降不下來，當然頭腦昏沉，還出現嗜睡情形。醫護人員趕緊協助用藥，二十分鐘後，許婆婆的高血壓隨即下降，人也輕鬆多了。

辭職嶺上的山區交通極度不便，下山採買新鮮食材不易，因此山區居民的飲食大多偏向醃製品，長期食用過鹹的食物，血壓容易偏高，血壓、血糖、血脂三高導致慢性病悄悄上身。

在這次訪視的案家中，八十七歲盧阿公和八十六歲的妻子兩人住在百餘年的土角厝內，從他們家走到雙泰公路的產業道路上，需要一個多小時路程，周邊方圓二公里內沒有鄰居。

年輕時身手矯健，曾數度與山豬搏鬥，一天可以抓到五隻山豬的盧阿公，最近已經暈倒在菜園三次，因為心臟有問題；平日他除了照顧自己，也得擔負起照顧老妻的日常生活。

盧阿嬤行動非常緩慢，仔細檢查並查核原本用藥後，發現目前的某種藥劑容易造成下肢水腫。因此，院長細心的在藥袋上寫下患者水腫狀況，並再三告訴盧阿公，下次帶妻子回診時，一定要拿著藥單給主治醫師參考。

牙醫師陳瑞煌也立即處理兩位老菩薩的牙周病，並為牙齒清潔與保養。加入慈濟人醫會好幾年的他，常常自假自費隨人醫會外出義診，每次都會攜帶簡便但設備完善的全套拔牙用品，這次不到幾分鐘，就順利為盧阿嬤拔下一顆壞死的牙齒。

住在山裡的長者，平常除了與老伴說話外，鮮有人聞問，這次在大雨中，人醫會團隊翻山越嶺親往訪視，他們心中的感動與感謝，化為眼眶中泛出的淚光。

## ♥用心造就綿密醫療網

有些病痛不是一次單純的治療就能解決問題，義診現場解決不了的，就盡快轉診到醫院，為病人做更妥善的治療。

一位被轉介到臺北慈院的中風但罹患蜂窩性組織炎的老鄉民，醫護人員及志工像家人般的照顧，讓他到現在還念念不忘。老人家每次看到來義診的人醫成員都會充滿感謝的提起：「那一年趙院長來看我，還帶著人醫會許多人一起來啊，幫我轉到醫院治療，要不然我的腳不能動，每天都像大官一樣坐在家哩，哪裡都不能去。」

證嚴上人期待，「編織成綿密的醫療網，不漏掉任何一個需要的病人」，從這些個案身上，就能體會到上人的悲心，就是慈濟人醫會行走偏鄉的實踐，做就對了。

作者／呂旭玲、王忠芳、高芳英

# 心花盛開在三芝

春暖花開三月天，通往三芝偏遠地區的山間道路兩旁，盛開的櫻花美不勝收，近一百三十位北區人醫會醫護志工及慈濟志工，分成六條路線往返三芝福成宮及三芝、石門間，進行兩個月一次的例行往診，照護長者的身心靈健康。累積多年三芝往診經驗，今天新增一條牙科醫師隨行巡診的路線，以協助解決長者對牙科之需求。

## ♥小細節大關鍵

「阿嬤，有那裡不舒服？」第一次參與往診的牙醫師楊衍均，親切的問候七十七歲長者陳珠。

「眼睛都一直流目屎（臺語）。」陳珠阿嬤不舒服的眨動眼睛。

楊醫師安慰著：「人和機器一樣，用久都會這樣，所以要保養，來，嘴巴打開，我幫你檢查牙齒。」戴上手套及頭頂照射燈，怕老人家聽力不清楚，楊醫師還張開嘴示範。

陳珠一個人在山間老宅居住，在醫師診療時，志工也沒閒著，走到浴室看看四周環境。「老人家最怕跌倒發生骨折，我看看浴室有沒有扶手這些設備。」護理師郭華英解釋著。志工黃世一則拉拉牆邊的扶手說：「這個扶手很牢固，家人有注意到這些細節。」

為了讓長者不致因太多人來到家中而緊張，黃世一還準備貼近三芝風情的「採茶歌」音樂，讓看診在舒緩輕鬆的氣氛下進行。在確認陳珠狀況無恙之後，一行人虔誠祝福她平安健康，馬上又驅車趕往第二家。

「這邊這邊，地址是圓山里八連溪頭……」，領頭的志工好不容易依著住址，在山間小路找到預定探訪的人家。

蕭萬金夫婦的看護西蒂（譯名），見到大群志工前來，快步上前來開門。志工進門後拿出血壓計，幫阿公、阿嬤量血壓。

「一八八、九十八……怎麼那麼高啊！」楊醫師警覺地說。

「看月曆上有寫數字，不會吧！數字差那麼多。」

「要不要請西蒂來示範她怎麼幫阿公阿嬤量血壓的？」

一群人紛紛提供不同的建議。

西蒂小心翼翼拿著血壓計，按下「開始」的按鈕，一旁的護理師郭華英把血壓計提高到與阿公心臟水平位置處，並輕輕對著西蒂說：「要放到這個位置量出來才會準哦！阿公、阿嬤平常吃的藥包在那？可以給我們看一下嗎？」

由於是新案，醫護志工仔細詢問並記錄相關細節。

阿公的牙齒幾乎都掉光，加上阿嬤血壓過高，楊醫師叮囑看護不要給老人家吃太多醬菜等太鹹的東西。為了讓看護西蒂學會幫忙口腔的健康照護，楊醫師也特地送她一支牙刷。

「要這樣刷牙，刷完把牙刷這樣立起來保持乾淨，妳要教阿公、阿嬤，如果他們不會，你就幫他們。」

臨走前，黃世一握起阿公的手說：「心情放輕鬆，要起來動一動，像今天天氣那麼好，帶你『女朋友』去曬太陽、走一走。」不常笑、說話不便的阿公，嘴角露出一絲絲笑意回應志工。

## ♥助人最樂得歡喜

車又繼續往山上開，來到圓山里活動中心。華秋盛及華泉兩兄弟已在大樹下等著。輕風徐徐吹，楊醫師開心地說好舒服，跟在屋內看診的感覺不同。楊衍均醫師二〇〇〇年即開始參與義診活動，不過卻是首次走入鄉間的個案家中。

「往診對象通常年紀偏高，而且身體狀況比較不好，我不只看病，也把他們當成自己的親友，跟他們聊天互動，這樣的關懷後，他們通常心情就會變得比較愉快開心。」楊醫師談到初次往診的經驗。

因為是第一次往診，他只帶了一些簡單的口腔清潔工具，先進行口腔衛教，也實際瞭解牙科的診療需求，再提出下次往診的作法建議。

陪他一起來的楊太太也很感動，「往診不僅關懷長者身心，像剛剛最後兩戶，他們的家人及鄰居也都參與。看到團隊都認真親切投入，每個人都做的很歡喜，我覺得這是人生能得到的最好的財產，以後有機會我一定要常常來參加。」

除了楊醫師夫妻同行外，另一對志工夫妻檔郭龍憲及曹淑慧也在其中，總是負責開車的郭龍憲已經來第三次了。回想起第一次參與，見到上百歲的人瑞，心生歡喜，回家後把這份法喜與太太分享。

以前常口出三字經的郭龍憲，在參與志工服務後，見苦知福，心也變柔軟，也漸漸懂得口說好話。太太除了看到他的改變，也被他分享的往診經驗深深吸引，就這樣兩夫妻有志一同投入往診行列。

也因為家中長輩都不在了，來這邊看到老人家們，就會想起親人，讓夫妻倆很想多愛愛這群長輩。曹淑慧更懺悔以前因為跟媽媽不親，媽媽生病時沒有好好照顧她，「來不及做的就只能接受，還沒做的就趕快付出去做，希望能彌補以前自己的不對。」談到與媽媽的過往，淑慧流下懺悔的眼淚。

在這偏遠的鄉間，不僅有盛開的櫻花美景，人醫及志工也共同譜出田野愛的迴響曲，像花香飄散在醫療資源不充足的三芝與石門，不僅關心每位鄉親的身體健康，更溫暖著他們的心靈。

作者／劉秋伶

# 長情北海岸

二〇一二年五月，夏初氣候；鋒面過境豪雨傾盆，北區人醫會風雨無阻，依例前往貢寮澳底往診。將近一百七十多位醫護、志工在澳底國小集合後，依各駐站點、往診路線相繼出發。

貢寮在地志工尤國盛拿著個案資料，熟悉地領著大夥兒前往個案家中。幾位九十高齡的阿嬤見到往診團隊的第一句話：「等你們好久了！等了昨眠攏無睏！」（臺語，等到都沒睡之意）

藥劑師蘇芳霈詢問阿嬤平時服用的藥物，老人家攤出來的藥袋竟然多達十幾種的藥，無奈的說：「腹肚做藥櫥！」

蘇芳霈嘆著氣，老人家重複看診、拿藥，還有不正常的服藥觀念，反而更傷身體，尤其自覺身體沒有不適就不吃藥，或是忘記服藥時間，結果累積的藥物一堆，想吃的時候，都不知該吃哪一袋了……

## ♥痛風與鑽石

「阿嬤，妳的鑽石手指呢？」

「鑽石戴在手，愈來愈大粒，還有小粒的滿滿是……」

沈醫師和九十三歲的楊趁阿嬤有趣的對話，讓大家非常好奇，結果當阿嬤舉起左手讓大家一看，原來手指頭佈滿大小的痛風石，尤以無名指腫大的如一顆鳥蛋石。

牽著阿嬤的手，沈醫師關切的問：「有去大醫院看看嗎？」

「有喔，醫生說不痛就不要管它，我這麼多歲了，隨便它啦！」

阿嬤不在意手指的痛風石，卻在看到義診團隊的到來，開心的說：「這麼多人來看我，真歡喜，感恩你們，也祝福大家平安順事！」（臺語）

沈醫師微笑指著臺北護理學院的慈青們（註），向阿嬤說：「今天還有孫子輩的學生來看你喔！」

阿嬤得意的回應：「我已經做阿太，太祖猴群（曾祖，子孫滿堂之意）。」

接著來到已洗腎十三年的個案家中，慈青看到個案雙手突起的人工血管，關心的問：「痛不痛！」

有一位阿嬤說到去醫院看病時，被診斷要洗腎，說著說著就哭了起來，大家趕緊安慰，還唱起「不老歌」，才讓她破涕為笑。

阿嬤說：「少年時甘苦沒得吃，曬豆豉做豆乳，吃飯配有鹹就好，老了有得吃卻不能吃，還落得要洗腎，真歹命！」

志工耐心相勸：「有的人年紀輕輕就洗腎，您現在有子孫相作伴，要珍惜這種幸福，因為身苦病痛人人有，只要心不痛，人生就快活！」

九位個案中就有七人在洗腎，他們居住的地方比較偏遠，幸好有些還有子女孝順的陪伴在身邊，不過，平時深受病痛之苦，見到醫療團隊，不免就想要訴說身體的病痛，所以人醫會來到這裡，不只是貢獻專業，還要能傾聽老人家的心聲，期望用愛與關懷，讓他們在病苦之餘，還能感受到愛，因為有愛心才不會苦！

## ♥傍海而居的馬崗

馬崗位於新北市貢寮區福連里，是臺灣最東邊的漁村，慈濟人醫會會定期駐診於此。

二〇一三年的首次義診，正是迎新送舊歲末之際，人醫會義診巡迴車從公路轉下蜿蜒小路，來到傍海的馬崗活動中心。

連日來的低溫，乍暖的陽光出現，也彷彿帶來無限生機，一位七十幾歲的老婦，清早匆匆的趕到，拿出健保卡給志工，口中嘟囔著：「我先掛號，等採好紫菜，再來給醫生看！」接著又急急轉頭往海邊走去！

馬崗多數的房屋，都為年代久遠的石頭屋。老老小小的人口，人數稀少到屈指就可以算出附近有多少人家。志工魏建清說：「這裡也沒有什麼工作機會，年輕人口外移，留下老幼婦孺，所以婦女們會出去採紫菜補貼家用。」

活動中心內架起長桌椅，當作簡易的診療室，看診結束後，大家又接著去幾戶不方便外出的個案家中往診。

首先來到經營三十多年的「甘仔店」（臺語，意指雜貨店），昏暗的店內，阿公坐在躺椅上，腫脹的小腿腳板，讓他眉頭深鎖。來串門子的老友，隨便喝下一瓶感冒糖漿就準備離去，醫護人員邀他留下看診，他卻搖搖頭說：「這種方便的藥吃一吃就好！」愈是這樣的觀念，愈令人擔心這些老人家的身體啊！

林啟嵐醫師聽診後，問這位「甘仔店」的阿公：「有沒有去醫院檢查過心臟？心臟聽起來有些雜音喔！」

阿公說，都是孩子帶他去醫院，自己也不知道是什麼情況。林醫師問了他兒子的電話號碼，就在電話中和對方說明阿公的狀況，叮嚀他最好儘快帶老人家去醫院再做檢查。

再來到一對老夫婦家中，志工翁崑揚親切的用臺語呼喊著：「阿公、阿嬤有在ㄟ無？」

「稍等一下！阿公在廁所！」不一會兒，阿嬤陪著坐在輪椅上的阿公，緩緩來到客廳，招呼大家：「卡緊進來坐！」

大家踏進屋內，見到阿公吃力的從輪椅上移到木椅，口中喃喃的說：「頭暈暈的！」

護理師隨即為他量血壓，竟然高達二百多。

林醫師一邊聽著阿公訴說身體的狀況，一邊詳細問診、聽診。曾經是潛水教練的阿公，三十幾歲時因故癱了下半身，阿嬤不離不棄的照顧他，還擔起照顧兒女的責任，但是談到孝順的大女兒，年紀輕輕卻因車禍往生，說著說著，不禁哽咽流淚！

護理師再次為阿公量血壓，數值依舊居高不下。

阿公也很困惑的說：「不曾血壓這麼高。」

他拿出平時服用的藥讓藥劑師謝裕隆檢視，也沒有看到有降血壓的藥物。

志工戴素蘭問了他兒子的電話後，立即聯繫，解釋阿公狀況，也囑咐著醫師雖會先開處方，不過還是需要帶阿公再去醫院檢查。

一旁的阿嬤也喊著腳痛，她拉起褲管給大家看，去年和卡車擦撞後，全身痠痛不堪，膝蓋更嚴重。志工送她痠痛貼布，阿嬤樂開懷的說：「我都剪成一小塊、一小塊，慢慢的用！」

林醫師看著阿嬤稍顯變形的膝蓋，有些心疼，特別安慰她也要好好照顧自己。

傍海而居，老來相伴廝守的夫婦，守著三十多年「甘仔店」的眼盲阿公……這裡的老人家迎著冬天海風颯颯，孤寂的心靈伴著身體的病痛，在歲末寒冬愈顯滄桑，希望人醫會義診所帶來的愛與關懷，能溫暖他們的心！

註：慈濟大專青年聯誼會，簡稱「慈青」，由全球各大專院學生所組成。一九九二年成立，以「走入人群、付出自我」在校園中落實與推動慈濟精神。

作者／朱文姣

# 守護慢飛天使

二〇一三年三月，雖然已是春天，可是細雨綿綿，徒增幾分寒意；位於中壢市山東里一座嶄新的建築，是去年才從桃園八德市遷移過來的路得教養院，慈濟人醫會不畏細雨紛飛，來到這裡義診。

路得啟智學園的院生，若是需要就醫，必須請院生的家人帶著孩子自行前往，如果家人沒空，老師及社工們就必須協助他們就醫，因為院生特殊的狀況，每回出門不免勞師動眾。所以北區慈濟人醫會主動提出義診的建議，希望能固定時間來協助院生。

這一天，志工彭東祥與陳淑琴為了讓院生免於面對陌生人及看病之畏懼，帶領二十位志工和他們互動，小手牽大手，跳著快樂的小天地團康：「一比呀呀、一比一比呀，互相捏捏，互相拍拍」，大人小孩玩得好開心，看著院生們純真的笑容，志工們也忘了自己的年齡，跳得更起勁。

## ♥慈母平等膚慰

「我不要，我不要看牙齒！」

「我要在這跳舞，我不要去那邊！」

有位院生正在鬧脾氣。慈濟志工江阿愛努力安撫這孩子不安的情緒，一邊慈祥摸摸頭，一邊哄著：

「你好乖喔，我在這裡陪你啊，最乖的小孩等一會兒有點心吃喔！」

溫柔的聲調，讓孩子不安的情緒穩定下來。

江阿愛在平常照顧中風的先生之餘，也會把握時間到環保站做資源回收，最近幾個月來，經歷兩次白髮人送黑髮人，心中難免悲苦，不過，她選擇放下自身的苦，投入行善行列，幫助別人，也幫助自己從悲苦中走出來。

她感嘆的說：「這裡的孩子，都是一群慢飛天使，跟我們其實沒有太大的差別，我把他們當成自己的家人一樣。也很感恩這些日子大家的陪伴和鼓勵，我會努力從自己的苦中走出來。」

早上才在桃園市參加慈濟造血幹細胞驗血宣導活動，下午隨即出現在路得義診的賴金盛醫生，也特別分享快樂之道：「一個人若都留在家裡，時間太多了，就會不快樂，因為容易產生妄念。忙碌的生活不會產生雜念及妄念，沒有了這些念頭，人自然就快樂。」

同樣是慈母心，志工葉玉香今天帶著家中就讀小四、小三和小一的孩子來參加義診。她單純的希望孩子們能體會「見苦知福」，也學習幫助別人。就讀小四的大女兒，感覺住這裡的哥哥姐姐們真的很可憐，很多事都需要別人協助，比起來，自己真的很幸福

就讀小一的小女兒本來還不想來，葉玉香只問：「妳平常就很喜歡做好事，看到需要的人都會捐錢，今天有很多需要幫助的哥哥姐姐，妳真的不要去嗎？」小女兒想了想，最後還是決定來。媽媽如此用心的教育，相信孩子們在人生道路上，都能一直走在正確的方向。

經歷了多次的義診，路得啟智學園的邱主任說：「平常要帶這些孩子們到一般的牙科醫院作檢查並不容易，因為在陌生的環境中，他們更容易緊張、害怕及抗拒，如果能在院區裡直接診療，這是他們熟悉的環境和熟悉的人，就會感到心安。今天慈濟來了這麼多人，又是專業的醫療團隊來幫助我們的孩子，真的非常謝謝，也希望這份善緣能一直繼續下去。」

就在「愛與關懷」的歌聲中，為這次的義診劃下圓滿的句點，期待下次再相聚。

作者／林宏真、張美智

# 有愛，他鄉似故鄉

自二〇〇三年起，北區慈濟人醫會每個月或每兩個月，會為外籍勞工舉辦一次健檢義診活動。原本義診都在戶外帳篷進行，有時不免風吹雨打，讓眾人狼狽不堪。在鐵路局與勞工局協助下，從二〇一二年十月起，移師到臺北火車站內的空間，可以遮風避雨。

「小城故事多、充滿喜和樂……」這首眾人耳熟能詳的曲目，在悠揚的古箏彈奏下，十分優雅，這並不是音樂會，而是在義診的現場，一旁還頻頻聽到吱吱的電動洗牙聲，音樂的演奏，讓前來問診的外勞朋友，能放鬆心情接受診療。

而悠美的琴聲，也吸引許多路人駐足聽賞，慈濟志工高雪娥雙手指撥弄輕弦，透過古箏彈奏，將一首首美妙的樂曲飄盪在空間。彈奏古箏已經有十七年的時間，她說：「近幾年來，都跟著人醫會到處去表演，希望藉由音樂的旋律，讓更多人感到歡喜。」

## ♥臺北火車站展開義診

十月，一個秋葉飄落的日子，臺北火車站外正下著細雨，更添加了濃濃秋意。北區人醫會在西門一號出口處設立工作站，有牙科、皮膚科、耳鼻喉科以及身心醫療等，一旁還有慈濟志工負責接待和協助引導，義診活動從下午一點開始至四點，動員了一百多人共同努力，服務將近一百三十位外勞朋友。

臺北火車站是重要的交通樞紐，每天人潮來往非常熱鬧，尤其到假日，更是外籍勞工朋友相約聚會的地方。勞工局長陳業鑫對慈濟非常認同，他表示能夠促成將義診地點移到車站內，讓眾多人受惠，他感到很開心。

原本慈濟人醫會在臺北車站戶外進行義診時，若遇到炎熱高溫，眾人身上總是汗水直流；曾有一次大雨下到帳棚都擋不住，所有人都淋濕，大家依然堅持守住崗位，為外籍勞工朋友看診。

穆天龍醫師參與人醫會多年，無論上山往診或各地義診都可以看見他的身影。他說：「以往下大雨的時候，身上都會被雨淋濕，器具也是一樣，看診還要一邊撐著雨傘才有辦法，有時連病歷表都濕掉了，但每個人臉上依舊笑容滿面。」現在進到車站內，雖然不用受雨淋，不過人潮擁擠的地方，醫師們還是免不了大汗涔涔，縱然如此，還是做得很歡喜。

整個義診活動中，就屬牙科最忙碌，問診的人數最多，協助牙醫師工作的人員也不少，這次更添增了十一位來自天母區慈少班的同學，由隊輔爸爸周文勝利用假日帶著孩子們一起來做志工。

慈少班的孩子大都是國、高中的同學，正值青春期階段，志工們用心引導他們進入狀況，希望孩子能透過付出機會，體悟生命的價值。周文勝說：「擔任隊輔爸爸已經很多年，一直不斷地在這領域陪伴青少年成長。」

集眾人之力，讓愛擴大到每一個角落，北區人醫會透過定期義診，把愛傳出去，希望能夠服務更多人。

## ♥新北市府廣場義診行

「來了！來了！找到會講泰國話的人來了！」

「小姐，可以請您幫忙翻譯嗎……」

在新北市政府的廣場一樓大廳，慈濟志工忙碌的身影穿梭其中，尋找會說泰語的人員，不一會兒就找到一位泰國籍勞工幫忙翻譯，讓義診活動順利進行。

一個周末假日，北區慈濟人醫會與新北市勞工局合作，在新北市府廣場為外籍勞工朋友舉辦健康檢查，時間從中午十二點至下午四點，設有內科、眼科、牙科、身心科等的醫護人員一同為大眾服務。整個義診現場由廣場延伸到室內的走廊，從量體重、血壓、填單分程序完整設站，慈濟志工在一旁協助引導進入的外籍勞工朋友，依照需求到每科室問診。

廣場上熱鬧非凡，除了有義診以外，還有印語歌唱表演節目，這是新北市勞工局為了服務外勞朋友特別安排的娛樂節目。目前在新北市勞工人數高達六萬一千多人，其中印尼籍的勞工就有二萬多人，他們大都從事家庭看護、工廠作業的工作。

新北市勞工局每年都會為泰國、菲律賓、越南、印尼等不同的族群安排節目內容，希望藉由活動舉辦，鼓勵外籍勞工朋友走出戶外舒展身心。今天活動中，勞工局長謝政達也到現場致意，他表示：「外籍勞工朋友平常時身體有些病痛，但因語言的關係也不太願意到外面診所就醫，還好有慈濟在這方面可以做很好的服務。」

謝局長對於外籍勞工朋友的生活狀況非常關心，他也表示與慈濟有很深的淵源，因為他是在花蓮長大的孩子，父親是前任縣長謝深山，過去他時常參與慈濟活動，今天得知有義診活動特來致意。

除了勞工局，關心外籍勞工健康的雇主周小姐，這次也陪同印尼籍的媞吶一起來做健康檢查，人醫會牙醫師協助幫媞吶洗牙後，媞吶露出愉悅的笑容，雇主周小姐說：「平常她照顧我婆婆非常辛苦，我今天陪她來看診是應該的。大家要互相體諒和互相幫忙，而且我也很謝謝她。」媞吶說這是她生平第一次看牙科，很開心，也發現有一顆蛀牙，來此趟真值得，慈濟義診就近服務，解決了她們不方便就診的困擾。

穿著一身穆斯林服裝的溫苐，年紀輕輕才二十七歲，來臺灣四年辛勤的工作，只為了讓家人有更好的生活，因為身體有些痠痛一直沒有空就醫，假日剛好來到附近，聽到有義診她就來了解。聽得懂中文的她要離開到別科看診時，疼痛科的護理師請她幫忙翻譯，她毫不猶豫的就答應了，還協助看診的三位勞工朋友練習如何舒緩肌肉的動作。

眼科除了看診，遇到需要老花眼鏡的人，也會致贈一副眼鏡結緣；最忙碌的是牙科，大部分外籍勞工朋友都來檢查牙齒，義診當中，發現很多都是第一次做檢查，他們打從心底的高興和感恩都寫在臉龐，大家都喜孜孜孜地笑容滿面。

更可貴的是若有需要語言的翻譯，懂中文的勞工朋友當下就是翻譯志工，熱心幫忙，而醫師和護理師們親切問診和解說，加上慈濟志工溫言軟語，讓整個義診充滿祥和的氣氛。

## ♥潑水節同時義診

每年四月中旬，臺北市政府勞工局都會定期舉辦「泰國文化節」潑水節活動，對於泰國民眾而言，這個節日就像華人的過年。這次在臺北信義新光三越香堤大道廣場熱烈展開，讓泰籍勞工朋友稍解鄉愁，並促進文化交流。

北區慈濟人醫會志工再度受邀參與義診活動，此次設有內科、婦產科、中醫、針灸等科別，還附設骨質密度測試，為遠來的異鄉遊子守護健康、提供醫療諮詢和心靈慰藉。

主辦單位貼心地安排翻譯員引導泰籍勞工朋友參與義診諮詢，路過的民眾看到有「骨質測試」服務，也來湊熱鬧，排在長長的隊伍裡耐心等候。

「您的指數是——中度骨質疏鬆。」

「要多攝取含鈣的食物……」

負責測試的護理師，總是耐心親切的對著每位來檢測的民眾詳細解說保養之道。

黃祥麟醫師說：「外籍勞工離鄉背井來此地工作很辛苦，也因為有他們幫忙照顧長輩，才讓年輕人無後顧之憂，能安心去工作，我們更應該來守護他們的健康。」

協助外勞諮詢，會說中文的潘瑤，是臺灣媳婦，來臺灣已十四年，目前服務於勞工局，她說：「外勞在臺灣工作，平時很少時間看病，能辦義診對他們非常有幫助。」

蔡忠翰就讀臺北醫學院牙醫系，在泰國長大後才到臺灣念書，在活動現場發揮很大的良能。他除了是醫學院的學生，更是一名稱職的翻譯志工，承擔起義診醫生、志工和勞工朋友間溝通的橋梁。忠翰細心地傾聽，鉅細靡遺地作翻譯，讓醫生能提供最準確的醫療服務，最後再將醫生愛的叮嚀翻譯成泰語傳送出去。

蔡忠翰在學校也常常參與志工行善的行列，因緣際會認識了黃祥麟醫師，進而接觸到慈濟人醫會，在參與多次義診活動中，被醫師們無私的付出深深地感動，忠翰說：「最初選擇醫學系只是希望以後有一份好的工作，但是看到慈濟人醫會的醫師犧牲假期，走進偏遠的村落為鄉親付出，這種無私的奉獻精神，讓我想起自己將來也是一位醫生，要重新思考未來行醫之路，不只是把醫生當成是職業，也應該是志業。」

來自淡水，八十多歲的一位老奶奶和孩子們一起到百貨公司的餐廳吃飯，剛好遇到「泰國潑水節」活動，熱心的志工邀約奶奶來做「健康諮詢」，內科醫生細心親切地問診，詢問平日用藥情形，讓她覺得很窩心。她有感而發地說：「慈濟真的是有在做事的團體，我已經繳善款繳了十多年，繳得很開心。」

泰國的「潑水節」向別人潑水的意義就是「祝福和寬容」，藉潑水節文化慶典活動，建立多元文化對話場域與機會，也進一步彼此尊重不同文化。感恩多位翻譯志工的協助，讓義診工作更順暢，更感恩醫護人員與志工給予這群異鄉遊子的心靈灌注暖流。

作者／葉金英、石淑珍、蕭銀梅、康桂英

# 穿行山海間

「師兄師姊，請合掌，向佛菩薩行三問訊禮！」

這個呼班的聲音，出現在慈濟醫院大廳，原本就很平常，可是，若出現在週日清晨，就顯得很不一樣。

每個月第四週的週日，是東區慈濟人醫會前往花東偏遠部落服務的日子。二至三小時不等的車程裡，從看著朝陽初昇的臺十一線上，一路奔馳到海岸山脈與中央山脈尖的臺九線裡，東區人醫會團隊，每月都堅持守護著偏遠部落的鄉親。

東面向太平洋，北臨花蓮縣豐濱鄉的長濱鄉，在花東海岸線上算是幅員較長的一個鄉鎮，總共有六個村，人口總計約七千多人，東區人醫會每年固定排兩次的行程來到臺東縣的長濱。

## ♥奔向長濱鄉

二〇一二年的五月底，人醫會團隊前往長濱鄉衛生所駐點展開服務，小小的衛生所從九點多義診團隊抵達後，求診就醫的民眾絡繹不絕，有著豐富經驗的團隊立刻將第一關檢傷分類與基本血壓血糖檢測的桌椅架設起來，讓早早就前來等候的民眾先報名。

藥劑師們也順利將義診藥局架設起來，內服外用藥品有序分類擺放到最順手的位置，也將等候藥品民眾的位置調整好，一方面給藥，一方面還要進行重要的用藥安全與相關衛教。

內科、外科、眼科、兒科還有器械最多最精密的牙科，陸續在二十分鐘內開設完畢，調整到最適合的看診就醫動線，衛生所空間有限，如何將動線調整的合宜，都考驗著醫護志工的智慧。不過老經驗的團隊，很快的就將一切到定位，並顯得游刃有餘。在花蓮慈濟醫院工務組上班的劉喜榮與陳俊吉可說是義診的固定班底了，有他們在，器械、儀器、電源、供水等設置很快就搞定。

另一位負責醫療器械的固定成員是平日在慈濟基金會警勤組服務的林建成師兄，他的另一項專長是剪髮，他的髮藝可是有很多人背書稱讚的，義診現場除了醫療科排隊之外，就屬義剪前面也要排隊拉號碼牌了。再次確認駐點醫療的服務沒問題之後，另一組人很快把握時間，準備去一些行動不便或是獨居的長者家中關懷。

今天經由村長的領路，前往比較急迫需求醫療的七戶案主家中探視。前兩戶都是獨居的老菩薩，子女長年在北部打拼工作，一年僅能回來幾次。衛生所計畫的長期照服員說，他們的子女並非不孝順，也曾經試著將他們帶到北部一起住，可是老人家不習慣，他們喜歡有海、有老朋友、老鄰居在的地方，所以寧願自己住在這裡。醫護人員親切的和爺爺奶奶聊著，除了量血壓，也細心的將老人家自衛生所拿的藥與即將開立的藥品仔細查對，避免重複用藥。

## ♥令人心疼的家庭

接著，往南的方向開了約十分鐘的車程，經過一個路況不甚理想的坡道，抵達第三戶人家。案主家位於半山坡上，屋子是用瓦片蓋成，看得到的窗戶中，僅有一扇較為完整，屋子旁的廁所沒有屋頂，露天加上殘破的紅磚牆，很難想像是一間廁所。

高齡九十六歲的阿嬤坐在屋外，瘦弱的身體，在東海岸陽光照射下，顯得格外纖細與脆弱。村長說著這戶人家的家庭成員與狀況，護理師也幫阿嬤量血壓與檢測身體狀況。原來，阿嬤育有三子，老大與老三出生後因發燒未即時處理，造成精神與智力上的疾病。第二個兒子娶了外籍配偶，生下一子，但是長年在北部工作，並不常回來。所以家中都是由年僅十六、七歲的高中生獨力撐起。

團隊的訪視經驗不算少，但是聽到這樣的故事，仍然很心疼。

阿嬤向帶隊前往的花蓮慈院陳培榕副院長講述颱風來的時候，屋頂被吹壞，廁所廚房也都壞了。還有最困擾的一件事，就是半夜起床上廁所，常常都來不及（尿失禁），讓她每晚都睡不安穩。隨著團隊前往訪視的，恰巧有泌尿科專師，馬上發揮專業，用流利的臺語向阿嬤詢問相關事項，例如：床旁是否有擺尿壺？有沒有去衛生所拿藥服用？

過了幾分鐘，獨立照顧這個家的這位高中生出現了，是一位有著和善面容的小男生，手上拿著衛生所開立的藥物，一項一項告訴醫師與護士阿嬤平常服用的時間與細節。全盤了解之後，副院長與泌尿科專師討論著該如何給藥，與改善阿嬤尿失禁的方法，但是阿嬤年紀很大，也無法再多做運動或是手術，建議還是準備尿壺，以後只要一下床，就可解決。

孫子聽了也覺得很好，他說自己會起床協助阿嬤如廁，直到確認阿嬤一人可獨立完成為止。

半個多小時的相處，看得出來阿嬤與孫子很開心，也許是鮮少有人來這裡吧，阿嬤一直拉著我們的手，捨不得放開。

最後要離開時，這位高中生很有禮貌的送到車旁，我們輕輕的拍拍他肩膀，對他說：「雖然很辛苦，但是要加油，不要放棄學業喔！」他的眼淚忍不住就流下來了。

怎能叫人不心疼，青澀的年紀，就勇於承擔起照顧叔叔、阿嬤的責任，實在難能可貴。

在車上眾人也立即和臺東的師兄姊討論，如何啟動醫療與慈善結合的力量來幫助他們。房屋的修繕、生活的補助、還有將來與衛生所與村長主動的聯繫與關懷等等。後來，這間破舊的屋子，慈濟人也趕在颱風季節前，完成修繕工作，並提供相關生活與所需的補助，當然長濱鄉志工們的持續關懷從未間斷。

東區慈濟人醫會成員結合了花蓮慈院、玉里慈院、關山慈院的醫、護、行政同仁，還有許多在臺東當地的開業醫師，像陳友聲醫師幾乎場場報到。有這麼多人發心地以義診往診「週修一日」，回顧從二〇〇〇年到二〇一二年為止，東區人醫會共計服務了一百五十個偏遠社區、無醫村與部落，舉辦超過四百場以上的義診、健康促進活動；算一算，各類醫事人員共出動一千八百七十人次，服務量近四萬人次。只要有需要，就看得到我們，我們將持續將這分愛的溫度傳遞下去。

作者／林永森

# 飄洋過海來看你

「最初是因為看到水溝旁被揉成一團的紙張，就撿起要拿去丟，攤開來才知道原來是義診的消息：慈濟人醫會要來蘭嶼義診。」

無意間得知這個大好訊息，陳惠蘭回到家馬上告訴左鄰右舍，可惜，因為訊息傳遞難以全面，知道的村民仍舊有限，在義診結束之後，仍有許多人錯過此次看診的機會，對就醫不易的蘭嶼來說，許多鄉親還是感到失落。

## ♥惠蘭的隱憂

還沒結婚前，腰痛持續困擾著惠蘭，有時甚至會延伸到右下肢，不過也發現疼痛是有週期性的，都發生在經期前一個禮拜。看了無數醫師，甚至建議轉診到精神科看看，而得到的答案都脱離不了脊椎側彎、少提重物、少從事粗重的工作，頂多也只是開開止痛藥緩解，從未有醫師懷疑與婦科疾病有關。

生活在自食其力的蘭嶼上，要料理家務、照顧小孩，樣樣都要自己來，醫師的叮嚀對惠蘭來說實在難以落實，從起初頻繁的就醫，後來也就索性不醫治了。生完小孩後，腰痛的症狀反倒緩解了些，但是一次突然間的劇烈腰痛，疼痛的程度，甚至上洗手間都要用爬行的。

知道有義診的消息，她非常高興，立刻就來掛號。

「聽到醫生說，腰痛的成因可能與子宮肌瘤有關，我感到很欣慰，至少知道可能的原因，不像之前都查不出來。」

不過，受限於義診的診斷儀器有限，只能簡單的內診，所以婦科醫師陳寶珠建議還是要到大醫院檢查，進一步釐清原因。

義診結束半個月後，東區人醫會總幹事林永森接到惠蘭的電話，便開始協助安排，因為惠蘭決定來花蓮慈院找陳醫師看診。但是他們一家三口出島，需要以最經濟的方式考慮住宿和交通，還要配合醫師的門診時段。終於抵達花蓮，詳細檢查後，證實有三公分的子宮肌瘤，隨即安排她住院手術。

由於惠蘭就醫路途遙遠，陳醫師評估術後傷口小、復原快，實無必要出院後再跑一趟來複診，於是設想另一種方式。因蘭嶼衛生所固定有醫師駐診，陳醫師與駐診的朱醫師聯繫討論後，決定讓惠蘭就近在當地複診即可，若有問題再用視訊的方式來後續追蹤。

偏鄉地區就醫不易，從惠蘭的個案，也看到義診的重要性。

## ♥從黑夜出發到陽光湧現

解決惠蘭病苦的這一場義診，是在二〇一三年的三月，星期六大清早四點，東區人醫會醫護志工們陸陸續續抵達花蓮慈濟醫院集合，人醫會總幹事林永森準備了中西醫的暈船藥，以備所需。

這塊島嶼由火山岩體組成，全島面積約四十五平方公里，騎車環島需要花上兩小時，受到地形、季風和黑潮的影響，有著多風多雨的氣候特質以及豐富多變的地形風貌。

兩天一夜的義診規模科別齊全，有內科、外科、婦科、牙科及眼科，除了在原地設診，考慮到行動不方便的村民，也會另闢一組醫療團隊驅車前進居家關懷。

清晨四點半，準時出發前往臺東富岡漁港，車窗外夜色依舊，隨著太陽從海平面升起，經歷了三個多小時的車程終於抵達漁港，轉搭船隻，很幸運的，前往蘭嶼的海象平穩，再經歷兩個半小時的航程，將近十一點半，終於看到陸地，湛藍的海洋環繞著壯麗的山脈，蘭嶼猶如大海中的一顆閃閃發光的綠寶石。

上岸之後，眾人接力將義診藥物及器材搬進蘭嶼高中的活動中心，大家忙碌布置義診現場，掛號處、量血壓處、家醫科和外科都是採問診模式，只要準備桌椅即可，而婦產科無論內外診隱密性的要求高，除了問診處，又將乒乓球桌立起來隔出一個內診空間。

當牙科檯的儀器管線都已經接好，卻臨時發現無法供應電力，只好另外想辦法，當地警察及村民熱情的幫忙，牙科、眼科和義剪服務都臨時遷移到鄰近的派出所，讓派出所頓時變得熱鬧非凡。

擔任總領隊，已經七十六歲的李森佳醫師，早在一九七六年就和太太來蘭嶼參與自強活動，但卻是第一次因義診踏上蘭嶼，此行他和太太以及弟弟李晉三醫師一起前來，以往只要時間許可，兩位李醫師總會出現在東區人醫會義診的名單上。

當天的義診，直到晚上八點半才全部結束。義診團隊也請當地村民和鄉公所提供行動不便或是不方便出門的村民名單，可以在隔日往診時居家關懷。

完全沒有光害的蘭嶼，夜晚的星空特別的漂亮，滿天的星斗加上時時傳來的海潮聲，還有時而隱時而現的巨大月亮，徐徐吹來的晚風，紓解了眾人一天的疲憊。

## ♥克難中堅持近距離關懷

雖然星期六舟車勞頓趕到，就馬上投入義診服務直到晚上，星期日一早七點，每個人仍然精神抖擻的準時集合，用完香積志工準備的早齋，八點半開始看診。除了把握這一早最後的義診時段，並另闢一組，由李晉三醫師領隊，進行環島往診。

環繞蘭嶼全島共有四個村、六個部落，椰油村為椰油部落、紅頭村有紅頭及漁人部落、東清村有東清及野銀部落、朗島村則為朗島部落，義診場地是在椰油村，位於島嶼的西方，往診則往南朝紅頭村的方向前進。當天的雲層有些灰濛濛，就在醫護團隊抵達第一戶人家時，突然下起了傾盆大雨，還好大雨只持續了幾分鐘，一群人淋著不時落下的小雨點，快步抵達目的地。

蘭嶼到處都可以看到高高低低的涼亭，有位阿嬤正在高高的涼亭上吹風看海。她今年已經九十四歲，女婿在一旁替大家翻譯。

「她現在都還很能走算是健康，但是如果感冒的話都會很嚴重，不過我們都盡量不叫救護車，能自己送到醫院就盡量想辦法。」

李醫師讚許這樣的作法很正確，真正做到不浪費醫療資源。

有一位海產店老闆五年前曾經中風，緊急搭飛機到本島就醫，李醫師叮嚀他要運動減重、每天按時吃藥，多吃青菜、多喝水、少吃肉。另一位村民十年前曾經發生車禍，左眼已經看不到，而且只要稍微碰到右肩就會疼痛，李醫師開了一條酸痛藥膏，並建議兒子要讓爸爸盡量運動做復健。

沒有固定的看診桌椅，護理師記錄也是拿著報紙、用手墊著、在椅子上、在餐桌上謄寫，往診的變化性更大於就地義診，因為街道不熟而到處問路，有時還會突然下起嘩啦啦的大雨，不過醫護志工依舊繼續前進，不知不覺也繞了蘭嶼一圈，總共探視了五位村民，回到出發的地方也將近中午十二點了。

星期日中午，眾人正開始收拾一切器具，準備搭船回去，看診到最後一刻的仍然是牙醫。大家陸陸續續整理醫療裝備，工務組劉喜榮及陳俊吉負責最後的打包裝箱，他們是東區人醫會義診的固定班底，總是負責最早的布置和收尾的善後工作，刻苦耐勞又非常盡責。

下午兩點半，返程準時開船了，啟航前船長提醒乘客，「因為東北季風的關係，整個航程船身會搖晃得很厲害，請盡量待在椅子上不要隨意走動。」

當地村民說，以往只要達到八級風以上就避免開船，當天的風已有七、八級，幾乎到達臨界值。回程的風浪的確相當大，船身搖晃劇烈，當然也有許多人忍不住嘔吐了，所幸交通時間較去程縮短，只花了大約兩小時。

在即將抵達陸地前，船長特地廣播感謝慈濟人醫會，照顧蘭嶼所有村民的健康，也因為承載了慈濟人滿滿的愛心，這趟航程雖然不平靜，仍能平安順利並快速的抵達目的地。

東區人醫會在二〇〇五年第一次到蘭嶼義診，由於蘭嶼的居民大都是基督徒，對於佛教醫院仍持觀望態度，更因為一些風俗民情，有些居民甚至不願意接受佛教醫院看診；睽違了八年，才終於在二〇一三年再次踏上這美麗之嶼，醫療團隊用真誠的心和當地居民誠懇互動，兩天的蘭嶼義診包含往診共有一百人看診，共計診療達一百八十四人次，為許多居民解決了即時的健康問題並結下好緣，將醫療帶給有需要的村民，是義診團此行最大的滿足與收穫。

作者／吳宜芳

# 第三篇　人醫慈護湧現

鎖上診所大門，
穿起人醫制服，
一群志同道合的醫護藥師，
「款好傢私」出門義診去，
不但未收分文，
還倒貼車資、餐費……
付出無所求，樂此不疲！

# 牽手行醫溪州樂

走進位於溪州鄉溪州國中校門口對面的健恩診所，映入眼簾的是貼在牆上的證嚴上人的《靜思語》，書架上擺放整齊的《慈濟月刊》等叢書刊物，牆上的電視正播放大愛電視臺的八點檔大愛劇場，診所內的布置及擺設充滿人文氣息，頗具巧思。

「這都是我太太的創意及發想，我只是負責電腦打字列印出來。」李國正醫師笑著說。

為了讓當地居民就醫方便，李醫師和有護理師執照的太太詹麗娟，選擇偏僻且醫療較缺乏的溪州鄉開診所，夫妻兩人每天從臺中的住家來到溪州上班，已通勤十年了。

溪州鄉位於彰化縣最南端，和雲林縣隔著一條濁水溪，居民大多數務農，因多數年輕人外出工作，人口外流嚴重，很多家庭形態只剩下老年人居多，所以慈濟志工每個月關懷的個案，多數都是老年人，他們需要的精神關懷陪伴更甚於金錢物質的幫忙，因此，每次造訪案家，總像久違的老友相聚，令人興奮雀躍。

但是志工也發現，無家人同住的長者，一旦身體有病痛，寧願忍耐也不願就醫，家住溪州鄉柑園村的林阿嬤就是如此。高齡八十七歲，膝下無親人同住，志工每次去關懷，發現她腿上的傷口愈來愈嚴重，甚至都已變黑色，卻只是自己簡單的敷藥包紮而已。

由於李國正曾經對當區的訪視志工說過，如果有行動不便的案家需要醫療，他願意利用午休時間前往關懷。所以負責訪視個案的志工陳明團，就趕緊詢問：「有位關懷的個案住在柑園村，年紀大，沒有晚輩同住，雙腳受傷好久了都沒改善，李醫師是否可以去看看？」

李國正二話不說就答應了，夫妻倆帶著一應俱全的醫藥箱去探望林阿嬤，還親自蹲下來為她擦藥。看到阿嬤有些痛苦的表情，他體貼的說：「如果會怕痛，就不要看喔，上過藥，傷口很快就好了。」

除此之外，李醫師夫妻也經常利用假日，和慈濟志工深入員林百果山上的大峰里社區，為當地的老人家服務，與他們建立了深厚的感情，對於有些人抽菸喝酒的習慣，他們也會不厭其煩的開導和勸解，就像對自己的親人一樣關心，因此，許多老人家也真的願意把多年的壞習慣改掉呢！

李國正和太太詹麗娟原本任職於臺中一家大醫院，九二一地震後成為慈濟會員，二〇〇三年在臺中百貨公司一場慈濟舉辦的骨捐驗血活動場合上，認識志工黃鳳美，黃師姊發覺詹麗娟的理念和慈濟很契合，就鼓勵她有空時來做志工。詹麗娟說：「從小父親就灌輸正信、正念的觀念，有一天在看電視時，無意間看到上人開示傳法，覺得上人說的法符合現在社會現象，很正向、正念，而且看到九二一地震時慈濟人救災的行動，覺得慈濟不是只在念經、念佛，是實際深入救助苦難眾生的慈善團體，讓我覺得這個團體值得去參與。」就這樣，詹麗娟與李國正一步一步深入慈濟；二〇〇四年初，更一起參加培訓，受證成為慈濟委員、慈誠。

在慈濟，李國正和詹麗娟投入最多的是義診與往診，只要義診缺醫護人員，他們夫妻倆一定義不容辭的補位配合。「以前在醫院服務時，都在重症單位，因為要搶救生命，養成急性的個性，做事步調會很快；加入慈濟後，改變了，體會到放慢腳步輕安自在，事情反而會做得更細心、更圓滿。」

放慢腳步後的李國正更加細心地觀察志工們的需求，他發現彰化南區的陪髓志工（陪伴捐髓者的志工），每次都必須護送與陪伴捐髓者遠赴臺中做檢查及施打生長激素。李國正說，「路途遙遠，捨不得大家這麼辛苦。」就自動向慈濟骨髓幹細胞中心表示，他的診所願意配合捐髓者時間，免費為他們注射由中心提供的白血球生長激素，也願意免費承擔捐髓者的捐贈後追蹤，關心他們的健康。對此，慈濟骨髓幹細胞中心非常感恩這對菩薩夫妻的發心與付出。面對大家的讚許，「醫生娘」詹麗娟卻說：「是我們要感恩，感恩有機會能和南彰化的骨捐關懷小組以及捐髓者，結了許多好緣呢！」

自二〇〇六年開始加入施打白血球生長激素的服務，至今已有七年多，也已陪伴關心約三、四十位捐贈者。詹麗娟說：「在幫捐髓者打完生長激素後，都會讓對方休息大約半小時，觀察有否不適的反應，我們就利用這段時間煮杯咖啡、備份點心，讓捐髓者享用，並且介紹慈濟的緣起，及上人和精舍師父自力更生的生活方式，有些人都覺得不可思議，也因此對慈濟有更深的了解，對上人的悲心有更多的感動與尊敬。」

令李醫師夫妻感動的是，許多捐髓者都會再回到診所做捐贈後的追蹤，因為覺得診所充滿人文氣息，又可以與醫師及醫師娘喝咖啡，聽慈濟故事，感覺很溫馨，詹麗娟也經常準備上人的書及美美的結緣品，和捐髓者分享。

「對的事，做就對了！」對於骨髓捐贈，李國正說：「上人為了尊重生命，搶救生命，突破很多困難才成立的。很希望有更多人加入骨捐關懷小組團隊，一起努力為成就『生命重生』而付出。」

李國正與詹麗娟夫妻攜手行醫，在義診與往診時體會到見苦知福的感恩；有時遇到困難需要突破，他們也體會到有心就不難，只要大家合和互協（註），共同成就圓滿有意義的事，就是人生最快樂的境界。

註：「合和互協」，指的是【慈濟四物湯】，合心、和氣、互愛、協力

作者／詹麗娟、陳夢希

# 他要帶著診間走

如果不是加入人醫會
我不會有機會去偏鄉義診
更不會去國際賑災
如果沒有加入人醫會
我的診間就只有這一方小小空間

——葉太原

坐在自己開設的診所內，葉太原醫師有時向外望去，很快又低頭翻閱人醫會往診的個案資料，心想：「哪裡有需要，哪裡就是我的診間。」

## ♥有福的人請靠過去

一九九六年，慈濟志工黃勝璧策劃成立臺南區的慈濟人醫會，積極走訪臺南醫界，並親自登門拜訪葉太原醫師，希望邀請他加入。已經是慈濟會員的葉太原，一直對慈濟存有好感，所以一接到邀請，很爽快地就答應了。

第一次的臺南區人醫會義診選定在嘉義縣大埔鄉，鄉長透過廣播通知鄉親來義診，不過，等了許久，來的人寥寥無幾，放眼看去，志工、醫師、護理人員加起比來看診的人還要多，幾乎是兩個人服務一位民眾，儘管如此，眾人的服務熱忱絲毫沒有受到影響。

「這裡大部分的年輕人都往城裡去了，留下來的都是老人和小孩，醫療資源又貧乏……」志工這一席話，加上眼前一幕幕志工對居民的親切呵護，讓葉太原覺得眾人好偉大，覺得自己好渺小。

義診之外，慈濟志工也陪同醫師們到病患家中往診。這些需要醫療的人，住在群山之間，經常是走過一個山頭才能到達一戶人家，雖然大夥兒路趕得又急又累，但葉太原心中卻滿是歡喜，因為他看見的不是難走的山路，而是眼前這一幅「有苦的人走不出來，有福的人就要靠過去」的真實畫面。

之後，只要是慈濟活動有需要，葉太原都會配合在現場設置醫護站，對於人醫會的活動，更覺責無旁貸，經常帶著全家人和診所裡的護理師一起投入。

「藥箱、血壓計、診療器……」在診所內，大家各自忙著準備義診的東西，每個人都是滿臉喜悅。「可以出發了。」葉醫師一聲令下，大夥忙不迭地跳上車，坐定後，彼此相視，會心而笑。

「阿公！有卡好嘸？」一到往診病家，經常就只是這麼一句簡單的問候，病人的眼淚就奪眶而出，這讓葉醫師看見了他們心裡的苦。他輕輕地把聽筒按在病人的身上傾聽，親切的態度，讓冰冷的聽診器有了溫度。

「阿公！今天有沒有出去走走？」志工和醫護一行來到白河的黃阿公家，總像是回到自己家，如親人一般的熟悉。

黃阿公五歲時因為生病高燒，雙腳開始萎縮，不良於行。志工和他接觸的時候，阿公已經七十一歲了，一個人住，大夥很難想像，將近六十年都得坐著移動的歲月，他是怎麼走過來的，黃阿公卻總是笑臉迎人。

「阿公！幫你按摩好不好？」葉醫師的兒子也參加義診，此刻貼心的詢問。

老人家高興的點點頭，順便叮嚀：「做人要孝順喔！要好好讀書！要珍惜……」

看著黃阿公樂觀的面對自己的身體病痛，還不忘提醒晚輩，葉醫師內心莞爾：「到底誰才是受助者呢？」

## ♥守護每一個剎那善念

加入人醫會，除了義診和往診，葉醫師也是造血幹細胞捐贈關懷團隊的一分子，負責為捐者施打白血球生長激素。將近十年的時間，見證了百例的髓緣之愛的葉醫生，有一次卻遇到了緊急狀況。

二〇〇九年六月的某一天晚上八點多，葉醫師的手機響了，電話那頭，志工告訴他，有一位捐贈者因為嚴重暈眩而送醫，不過狀況已經穩定下來。

講完電話，葉醫師立刻向慈濟骨髓幹細胞中心報備，這是他為周邊血捐贈者注射生長激素的過程中，第一次發生不可預期的狀況，一股隱憂襲上心頭，縈繞不去。

「我不能捐了！」果不其然，九點多，電話又響了，捐髓者來電說出葉醫師最害怕聽到的這一句話，因為捐髓者若是突然決定不捐，那麼等待的受髓者該怎麼辨？

頓時之間，葉醫師如晴天霹靂，腦中一片空白，隱約中，彷彿有一個微弱的聲音在葉醫師的耳邊呼喊：「請救救我！」然而，耳邊捐髓者哽咽的訴說著家人擔憂的心情，一樣刺痛他的心。

葉醫師記不得自己講了多久的電話，只知道除了安撫、勸慰，仍抱著希望請她再考慮考慮：「好好休息，睡一覺，明天起來可能就沒事了，有任何狀況隨時跟我連絡。」

慈濟志工也馬上深入了解，在他們鍥而不捨的努力下，終於取得捐髓者及其先生的首肯，願意考慮隔天早上十點，依約接受第四劑的生長激素注射，並在注射完成後，即刻前往花蓮慈濟醫院完成隔天的週邊血捐贈，忙了大半夜，這時大家才稍稍寬心。

但，不知怎地，葉醫師內心仍明顯感到不安，他多麼希望只是窗外疾雨擾亂他的心，和太太兩人相對無言，聽著上人開示，期盼著波動的心，能平靜下來。

翌日，葉醫師早早就到診所等待，沉悶的低氣壓籠罩著診所的每一寸空間，葉醫師只能一直祈求，捐贈者能堅持下去。九點不到，手機響起，他大大吸一口氣，接起電話。

「我們今天不過去了，很對不起！經過了一夜的考慮，我還是很擔心我太太的身體狀況會無法承受，而且家人也給我們很大的壓力，所以，我們決定不捐了。請見諒！」捐髓者的先生來電，讓葉醫師的心又起波瀾。

就著電話溝通了半個多小時，一旁的葉太太看著葉醫師拿著手機走進走出，有時坐下來、有時站起來，甚至還跪了下來……

最後，葉醫師告訴捐髓者的先生，希望能給他一個機會，以醫生的身分前往關心，必要時給與最好的醫治。

葉醫師不安地掛上電話，站起來轉個身，葉太太掛著兩行淚勉強擠出笑容，給他安慰的眼神，也遞給他另一隻手機，電話那頭傳過來的是林師兄一貫平和的聲音：「這位捐髓者和等待受髓者雖然有善緣，但或許『助緣』不足，大家已經盡力了，也不能強求。」

上午十點，葉醫師完成了另一位捐髓者的生長激素注射，但心中還是放不下這位想放棄的捐髓者，就在這時，志工來到診所，告知想放棄的捐贈者確定不來了，她與先生已經帶著孩子回娘家了。

聽到這樣的消息，葉醫師仍不願放棄，拜託志工連絡對方，讓他可以過去關心。志工從電話中取得對方同意，葉醫師立刻備齊藥品、點滴、血壓計等，還不死心的將生長激素用冰桶裝著。

半個小時的路程之後，葉醫師終於見到了這位捐髓者和她的家人，他們禮貌的招呼著大家，笑容裡帶著點尷尬，緊張地解釋狀況及心情，葉醫師看見捐髓者面容憔悴，嘴唇泛白，一面交談還得一面安撫稚女，眼淚不時在眼眶裡打轉。

看他們壓力如此之大，於是，葉醫師隻字不提捐贈的事，只是拿出血壓計，平靜的將焦點完全放在關心她的身體狀況，因為他們也知道做了殲滅治療的受髓者，若不能及時接受捐贈，會造成危險的結果，這帶給他們的良心壓力是如何地大啊！

不過，葉醫師當下決定先安撫對方，持續關懷與追蹤，畢竟凡事都有因緣，不希望這次的事情會損及他們一家人的善念。

離開之後，葉醫師即刻回報中心，啟動應變措施，隔天就接到好消息，又找到了適合的捐贈者，這一刻，他才真正鬆了一口氣，感恩佛菩薩慈悲。

「我希望自己能更加用心，守護每一個剎那善念。」葉醫師說。

### ♥川震用愛造奇蹟

四川大地震的時候，葉醫師跟著賑災團前往義診，每一幕都是深刻的記憶——志工的付出、鄉親的驚恐、大地的危脆……

參加四川賑災，一去就是八天，葉醫師想參加的心沒有遲疑過，唯一放不下的是診所的病患，他一一去電給固定要回診的病人，告知接下來的行程，也請其他人醫會的醫師幫忙代班看診。而這一切順利的像水到渠成，讓葉醫師更確信自己的使命，認為這一定是上天的安排。

到了四川，人醫會團隊開始展開義診，葉醫師第一個感觸是，透過醫療，身體的傷終會痊癒，但心裡的痛呢？

「妹妹！還痛嗎？」不論葉醫師口氣如何委婉，態度如何親切，小妹妹都是沒有表情的搖頭、點頭……陪伴著小女孩的華老師說，地震發生的時候，小妹妹被壓在斷垣殘壁底下，身邊還有許多同學也被壓在倒塌的建築物下面，一開始她聽到的是同學們哭泣、呼喊的聲音，可是，時間一分一秒的過，同學的聲音越來越小，她知道同學走了，一個個走了……打從被救出來，她就不說話了。

在地震中，這個小女孩的頭皮被倒下的石塊刮去一大片，大腿也有很大的傷疤，她天天來換藥，葉醫師看著她的傷口一天比一天進步，卻還是把自己的心緊緊的關著，心裡也跟著好疼好疼！

幫小女孩換好藥，葉醫師輕輕地將小女孩的長髮撥往傷處，蓋住傷口，又拿起鏡子讓小女孩看鏡裡的自己，「你看，身體的傷，等傷口好了，就不痛了，雖然會有疤，但是這樣一整理，就看不見了；大腿的疤，也可以穿衣服遮住它，只要你往好處去想，還是可以朝你的理想去努力，你的夢想還是可以實現啊！」葉醫師誠懇地對小女孩說：「學著自己站起來，父母才不會為妳擔心了！華老師也才可以放心！」

這樣鼓勵的話，葉醫師天天說，不只對小女孩說，也對其他的鄉親說。一天又一天，葉醫師發現，事情在微妙中，變得不一樣了，許多人天天來，已經不是為了看病，而是來幫忙，幫忙志工服務自己的鄉親，就連小女孩，也陪著比自己年紀小的弟弟妹妹，希望他們也能綻開笑容。

這場地震，對慈濟人醫會的醫師來說，最難的不是身體的傷，更需要醫治的是心裡的傷。走得出來的鄉親，他們竭盡所能；走不出來的，也不能放棄。

跟著往診的隊伍，葉醫師來到了一位七十五歲的婆婆家，地震前，婆婆的身體沒有大礙，能自由行動，自己照顧自己，但是地震過後，婆婆下不了床，吃喝拉撒都在床上，家人束手無策。

葉醫師仔細為婆婆檢查，發現她的身體並沒有什麼問題，血壓、心跳都正常，沒有骨折、沒有破皮，葉醫師研判是心理因素，家人說，婆婆躺在床上，兩個多月了。他一方面請家屬別太擔心，另一方面也叮嚀家屬要多點耐心陪伴婆婆，讓她別再讓地震的恐懼，禁錮住自己的心……

他們在屋外聊，葉醫師話都還沒說完，卻見家屬一臉驚愕，順著目光，他轉身回頭一看，婆婆竟好端端地，梳理整齊地，讓志工攙扶著站在門口。

「這太神奇了！」葉醫師用疑問的眼神看著志工，志工一五一十地把和婆婆互動的經過向大家說過一遍，家屬聽著聽著充滿感動。

「是愛！這就是大愛！」葉醫師在心裡，不斷發出驚歎！

所以，對葉醫師來說，加入人醫會是一趟奇妙的生命旅程，讓他經歷了許許多多，在自己診間不可能會遇到的經驗，在平淡的人生中，也無法體驗到的感觸。

走出診間，葉太原不再只是醫師，而且還是個付出無所求的志工，把志工精神結合醫師專業，用心再用心，哪裡有需要，哪裡就是診間。

作者／潘俞臻

# 八十大壽的小旅行

二〇一二年，應該是酷熱「夏至」的那一天，卻有微微涼風吹來，蟬兒也在枝頭大聲地吱吱叫，似乎在迎接眾人的到來。

北區人醫會第三隊進駐雙溪區義診，已邁入第十個年頭。初期地方鄉親們對於慈濟完全陌生，後來人醫會成員才認識雙溪區的連吳盆阿嬤，並接引她成為人醫會在雙溪義診的第一顆種子。一生無量延伸至今，已有無數志工，熱忱積極參與人醫會義診活動，為鄉親們服務。

雙溪義診服務原本只有一條往診線，至今已擴展為十條，每一條往診線，都是慈濟志工一步一腳印，挨家挨戶的拜訪與關懷，用心規劃而來的。

鄉親們總是盼望著這每兩個月一次的義診，因為他們早已習慣並且依賴「慈濟行動醫院」，慈濟志工也特別為居住在偏僻遙遠的老幼婦孺們，設有專車接送往返看診；這專車對於行動不便、視力老化的老人家尤其重要。其中「眼科」特別受到青睞，只要義診日期即將接近，鄉親就會頻頻打電話向連吳盆詢問日期與地點。

北區人醫會第三隊隊長，親和力十足的張榮光師兄說：「吳盆師姊是人醫會在雙溪的第一顆種子，這十年來都是仰賴她的協助，從她的身上又帶出許多愛的種子，大家都敬稱她為『阿母』，因為她真的慈祥如母如姊，所以很受人愛戴與敬重。」

午時日正當中，榮光師兄的汗水沿著額頭流到臉頰、背部，仍然開心的說：「今日她老人家八十歲大壽與義診合併，機會難逢，我一定要代表北區人醫會第三隊全體醫護人員，敬備二百個壽桃，向吳盆師姊獻上祝福！」

人醫會護理師志工彭秀靜也特別描述心目中的「吳盆媽媽」：「她對往診的個案關懷無微不至，像自己的家人般。像有一位尿失禁的阿公，冬天裡因為怕尿濕被子而不敢拿來蓋，我們抵達他家時，吳盆師姊親切地向阿公噓寒問暖，取下被子小心翼翼地蓋在阿公身上，並叮嚀他『如果尿濕了，我會拿回家洗』，要阿公不要擔心！她總是默默的付出，讓我們好感動。」

連吳盆師姊，育有兩個兒子及兩個女兒，是九個孫子的阿嬤。體態瘦小、聲色柔和的她，從二〇〇二年就跟隨著人醫會，守護雙溪鄉親們的健康。義診這一天，剛巧是吳盆師姊的八十歲生日，也是她參加雙溪義診的第十個年頭。大家為八十高壽的吳盆師姊慶生，唱誦〈無量壽福〉，祝福她能永遠開心長壽、快樂做志工。吳盆師姊說：「能夠這麼溫馨地接受人醫會這麼多人的祝福，我實在太感動了！這些都是我的本分事啊，其實所有事情都是要靠大家的力量一起完成的。」

「非常感恩醫療團隊犧牲假日來這裡義診，讓鄉親免於舟車勞頓之苦，也感恩師兄師姊們的合和互協，讓雙溪義診邁入第一個十年，希望在我有生之年，延續傳承更多個十年，為鄉親們服務。」原來，八十歲老菩薩最想要的生日禮物，就是慈濟義診團隊能夠持續為鄉民看診，守護健康、遍灑愛！

作者／陳守環

# 十一度的溫暖

「各位親愛的家人，早啊！雖然天氣很冷，不過看到你們就溫暖了起來，今天十二月二十三日是二〇一二年的最後一次義診，我們準備了薑湯熬煮的湯圓給大家暖暖身，要出發時，記得天雨路滑要小心喔，祝福各位！」年逾八十歲的雙溪志工連吳盆，在冷冷的冬日裡依然精神抖擻招呼著大家。

天際裡暗黑的雲層看來又深又厚，雨勢綿綿不停歇，晨間七點許，車行經雙溪鄉間，一些早餐店已有客人在用早餐，透過店裡微弱的燈光，時而裊裊升起的熱氣在冷冽的天候顯得格外溫暖。到達雙溪國小，看著車內的溫度指標，趕緊拉高外套衣領及圍巾跨出車外，與大家道早安，熱情克服了攝氏十一度的寒冷。

## ♥寒天送關懷

「阿嬤，來量血壓喔！今天溫度比較低，會不會冷？」護理師鄭碧珠俯身，一邊詢問躺在床上的連阿嬤，一邊幫她量血壓。

「不會啦！」插著鼻胃管的連阿嬤小聲的回答。

「醫生說手部要多做運動，您有動嗎？要不要動給醫生看一下。」志工簡麗玫俯身哄著總是陷入昏睡的阿嬤。

阿嬤的看護在一旁忙著做家事，中醫師邱馨儀不厭其煩的叮嚀：「妳要常跟阿嬤互動、說話，幫她按摩，不要讓阿嬤白天一直睡喔！」

往診線上，關懷的大都是行動不便的長者，若需臥床的，或是處於昏睡狀態的，邱醫師總是關照看護的人，要多跟長者互動，將環境打理得明亮，才能提振長者的精神。

發現看護因不懂中文，以致填寫阿嬤的血壓及心跳記錄欄位錯誤，護理師簡梅鶯耐心指導看護如何將儀器上的數據，抄寫在表格內。

另外有位肺功能僅剩一半的七十多歲連媽媽，平時與兒子同住，因為膽囊開刀及類風濕性心臟病，兒子貼心準備營養素給媽媽吃，可是老人家有所顧忌，不敢多吃，親和力十足的邱醫師勸說：「兒子很孝順幫您準備營養品，您也要吃喔！」

雨勢越下越大，人醫會志工一行十四人跨過路面一條條雨水形成的涓水流，來到曾先生家，熟悉慈濟志工的他，很快地打開大門。

「你手很冷，要注意穿暖和一點啊！」這樣的天氣大多數的人理應裹著厚衣、長褲，邱醫師看著穿短褲的曾先生，擔心他因智能上有些不足，不懂得照顧自己，提醒著要注意保暖。他點頭微笑說：「好！」

志工李玉雲不放心地再次提醒：「你要穿長褲，一個人住更要懂得保暖，要照顧自己喔！」

雜貨店鋪內，安坐在桌後的阿嬤看到志工到來，親切地招呼。

「阿嬤的皮膚好漂亮！」

護理師鄭碧珠看著阿嬤細緻無斑點的皮膚，不禁讚歎起來，阿嬤不好意思抿嘴笑了。

這時已坐到阿嬤旁邊的邱醫師雙手不斷搓揉，一邊說：「請把舌頭伸出來，讓我看一下。」阿嬤看著醫師的動作，雖然露出疑惑的眼神，仍然很乖巧的配合，邱醫師笑著解說：「我要幫您把脈啦，怕手太冰，會『冰』到您，所以趕快搓暖和一點。」

仔細端詳阿嬤舌頭的顏色及紋路後，邱醫師說：「大便不太順喔，胃也不好，要吃飽一點，有空要起來走一走。」

「胃開過刀，不敢吃太飽。」阿嬤很認真的解釋。

志工簡麗玫建議：「每次吃少一點，次數多一點就好了。」

因為小孩都在外做生意，阿嬤看顧著雜貨鋪，一方面也打發時間。

## ♥以母為榜樣

往診在細雨綿綿中進行，人醫會小組每到一站，在車子的起落間，大家都忙著撐起雨傘，結果邱馨儀醫師不等志工協助，自己拉起外套的帽子，俐落、快速的走入屋簷裡，抖落一身的雨水，笑著對想幫她打傘的志工說：「不用啦！很近，我特地穿有帽子的外套，比較方便。」

邱醫師的媽媽是佛光山的志工，又長年在學校當導護志工，自小就受媽媽的愛心影響，她也是個喜歡幫助別人的醫師，後來在媽媽的鼓勵下參與慈濟雙溪義診，到目前已經持續一年多了，被問及才三十多歲，為何能對老菩薩如此有耐心貼心的關懷，問診時總是滿臉燦爛笑容？

留著一頭俏麗短髮的她說：「我在三重、蘆洲看診，接觸的也都是老人，所以互動已經很習慣。其實，我把義診的長輩們當成是自己家人，他們跟我爸媽的年紀差不多啊！」因此除了基本的把脈象，觀察氣色、用藥等等，平時是否吃的營養，生活上要注意的事項，都是邱醫師關懷的重點。

其實義診的時間，邱馨儀醫師一開始無法配合，因為她平日從星期一到星期六天天都要看診，只有第一、第三個星期日才有空檔，偏偏雙溪義診是在第四個星期日進行，本身又是新北市中醫師公會理監事的她，一星期也要抽出時間去執勤，行程非常緊湊，但為了參加義診，她硬是將時間挪出來。

「若有其他活動需要，只要提早告訴我，我會儘量把時間安排出來。」

就因為邱醫師的這份熱忱，負責北區人醫會四個小隊中醫師調度的蕭麗華師姊讚歎說：「人醫會一年有一百多場的活動，而中醫師的需求量就占了五十九場，邱醫師不只年輕，而且配合度高，只要有需求，她都會排除萬難；就連海外營隊回來臺灣時，她也會來幫忙。可以說，只要有義診，就幾乎都有邱醫師的身影。」

## ♥比媽媽還嘮叨的叮嚀

一直希望能真正給病人生活上實質的幫助，不管是用藥或細節，她總是不厭其煩的叮嚀，曾被病人說：「妳比我媽媽還嘮叨。」

邱馨儀醫師笑說：「如果能幫助他們，我情願被人嫌嘮叨，也不願意放過可能需要的叮嚀。」

因為她曾發現有位糖尿病病人，不知道太甜的水果不能吃，以致糖分過高，這些生活上的小細節若不注意，反而可能讓病情惡化。

邱醫師又說：「有一本書曾寫道：『人容易生病，是因為沒有好的生活習慣。』每個器具都有使用規則，人也是一樣；三餐要定時、定量，每晚十一點就寢，多接觸大自然，培養好的生活習慣，才能提高免疫力。」

志工蕭麗華很稱讚邱醫師這份用心。「上人慈示醫病要醫心。除了醫病，還要給予預防的觀念。」

而邱醫師在每次義診的關懷中，細心叮嚀的點滴中，就包含了如何保健的預防醫學，諄諄提醒如何維持身體健康的飲食及調養，真是一位用心的醫師啊！

「開心過生活」是邱醫師的生活哲理，雖然忙碌，仍會適時停下腳步，每星期四早上在住家附近的三重區閱覽室當志工，夾夾報紙，管理、歸類小朋友看過的書籍。在安靜的閱覽室翻看書籍，是她給自己片刻的寧靜及充電時間，儲備隨時再出發的能量。

作者／鄭淑真

# 笑展一口牙

也許你不喜歡看牙醫，因為害怕鑽牙機在口腔裡鑽牙齒的聲音，但是，當你牙齒疼痛難忍時，最迫切的事情還是看牙醫。漸漸地，年紀大了，只剩幾顆搖搖欲墜的牙齒，開始羨慕別人吃得盡興，自己卻每天望著喜愛的食物興嘆，偏偏又無力負擔裝戴假牙的費用。

義診有時會遇到面對這種無奈的老人家，劉阿公就是其中的一個。

「在新社的義診區裡看過牙醫後，我就沒有這些煩惱了，張醫師免費幫我裝假牙，解除我這幾年的痛苦。」回診的老人家指著牙齒，和慈濟志工分享裝假牙後的歡喜。

身旁的劉阿嬤向張醫師鞠躬致謝，感念在心的說著：「受你的幫助，我們很感恩。我現在有幫忙收功德款，已經收了十戶，都是一些老鄰居啦！我也要跟你們一樣去幫助別人。」燦爛笑容在她樸實的臉上漾開來……

## ♥我來幫阿公做假牙

新社區的中和里是被峰巒環繞的山谷地，也是臺中市境內，除山地鄉之外的特偏遠區域，醫療資源缺乏。中區慈濟人醫會，在每月的第四個週日定期在中和里的中和國小校園裡舉辦義診活動。

牙科張金石醫師，從二〇一二年開始參與人醫會新社區的義診，發現山區的鄉親最需要的是裝假牙，但是裝假牙的費用甚高，對沒有收入的老人家而言是一大筆負擔，因而很多人都忍著痛楚過日子。

張醫師第一次為劉阿公看診後，心疼老人家的困境，於是拿了一張「臺中市衛生局老人假牙補助申請單」，鼓勵他們到就近的牙科診所看診，請對方幫忙向有關單位提出申報。

「我們拿著單子找了兩三家診所，他們說申請不容易通過，要我們自費比較快。唉！要花那麼多錢，反正年紀大了，就再忍耐吧！」

當我們又來義診，就聽到阿嬤有些失望的說。

「一般診所都不太願意接受假牙補助的申請，因為名額和經費都有限制，申請的手續繁瑣，等待的時間又很長，有時還會不通過。」張醫師道出同業的難處，阿嬤理解的點點頭，他又說：「如果你們願意，我來幫阿公做假牙。」

老人家喜出望外的謝了又謝，趕緊上診療臺躺好。

張醫師取出早就準備好的印模牙材粉，攪拌再攪拌，神情專注且耐心的說：「來，嘴巴張開，啊——輕輕地咬著。」印取阿公的牙模後，並約定下個月就為阿公戴上假牙。

六月的義診日，張醫師輕巧地裝妥了假牙，拿著鏡子讓阿公看看自己，阿公逗趣又自信滿滿的說：「我變得真緣投（臺語：英俊之意）。」

那頑皮的模樣，充滿著幸福的笑容，逗得大家哄堂大笑，診療室裡一片歡樂氣氛。

「咬咬看，會不會痛，有沒有哪裡不舒服？」張醫師關心地問。

「很好，很舒適，很舒適。」阿公一再的點頭稱讚，眼裡盡是笑意。

張醫師邀請阿嬤一起學習如何幫阿公裝戴假牙，回家後可以協助阿公，並叮嚀：「如果有問題，要趕快回來調整。」

阿公和阿嬤手牽著手，踏著輕快的步伐回家了。望著他們離去的身影，張醫師欣慰地說：「希望阿公能夠重新擁有咀嚼的樂趣，改善生活品質。」

## ♥被善的力量改變

在后里區開設牙科診所已經三十多年的張金石醫師，是后里人讚賞有加的仁醫，看診的預約人數經常排得滿檔。有些臨時牙疼的鄉親無法預約掛號，就到診所去等待，他總是想辦法「擠」出時間，不負所望的為鄉親解除疼痛。

「小時候我常常生病，父母和姊姊們都到田裡去工作，我只能待在家中看書。那時候，最希望的就是自己能夠健健康康的下田幫忙農作。」張醫師是家中的長子，因為體弱多病而不適耕作，卻也因為會讀書而進入醫學院就讀。

二十九歲時，順從父母的願望，回到后里區開業行醫。說著說著，他的思緒回到當年。

「鄉下人忙著工作，總是早出晚歸，經常一大早就來看診，有時半夜也會來敲門。父親教育我，要把病患當成親人看待，認真的為患者解決問題，讓他們少痛一些，才是好醫師。」張醫師對父親充滿懷念與尊敬。

「我們一家人的牙齒都是張醫師在照顧，已經有二十多年了，他的醫術和醫德兼備。」慈濟志工張美鈴佩服他的專業和仁懷，力邀張醫師觀賞《法譬如水》經藏演繹。

「我有位親戚成為慈濟志工後改變很多，讓我很好奇是什麼力量讓他改變，所以就如期參加這一場法會，希望能多多了解。」

觀賞後，令他感動不已的是慈濟在世界各地做了那麼多有意義的事，也救助無數求醫無門的病患，於是主動加入慈濟人醫會，希望能為病苦的人，奉獻心力。

「我想是善的力量讓那位親戚改變了，也讓我加入人醫會。」張醫師的笑聲朗朗。

中和國小的健康中心，是義診時的牙科診療場所。室內的牙科診療椅原為魏東寶牙醫師所捐贈，雖然有些老舊，但在偏遠的無醫村裡，卻是彌足珍貴。

六月，張醫師診治病患時，老舊的診療椅屢屢掉落，正在看診的老人家受到驚嚇。顧慮安全性，更有心幫忙到底，他又發願要捐贈全新的牙科診療椅給人醫會義診使用。這份善念，也讓牙科儀器材料行的老闆很認同，主動提供優惠的價格。

「為了避免造成其他開業醫師的困擾，免費裝假牙，是以山區的弱勢長者為服務對象，而捐贈全新的設備，也為了工作效率和方便，希望給鄉親們最好的服務。」張醫師謙虛的說。

第一個使用新診療椅的張阿公，滿懷興奮的說：「上個月來看診，躺上診療椅就掉下去，嚇了一跳；這個月來這裡，看到一檯全新的，也是嚇了一跳，沒想到我運氣這麼好！」慶幸的神情逗得大家笑呵呵。

志工問：「張醫師幫你拔牙，痛不痛？」

張阿公搖搖頭：「不痛，不痛，張醫師技術超好的。」接著欣喜的說：「他也要幫我裝假牙喔！」

### ♥眉開眼笑用餐去

農曆年假前的義診日，粉桃紅色的山櫻花綻放在新社區的道路兩旁，一片喜氣洋洋，義診團隊來到劉阿公的家中關懷。

阿公熱絡的說：「裝了假牙後，吃飯變成是最快樂的事，以前牙齒不好，吃稀飯吃到怕了。現在，我的腸胃消化道也變得很順暢。」

阿嬤開心的補充：「他以前吃飯會痛得皺眉頭，現在不會了，都吃得笑瞇瞇的，連花生和芭樂都吃得動哩！」

「已經有兩、三年不敢吃芭樂了，八十歲了，還能再吃到芭樂，這都要感謝張醫師啦！」劉阿公笑起來的模樣，像童顏般地純真。

張醫師也笑了，看到老人家的快樂，自己也很快樂，他不但仔細檢查阿公的假牙，也提醒要做好口腔與假牙的清潔工作。

向劉阿公告別後，車子又繞行在蜿蜒的山路上，走了一段路，才到達位在半山腰的張阿公家中。

「咬合舒適嗎？來！拿下來我檢查看看。」張醫師以手勢示意。

「我怕會弄壞了，都不敢拿下來。」張阿公靦腆地說。

張醫師愣住了，幾秒鐘後才微笑的說：「喔！假牙要每天清洗，我先幫你拿下來洗一洗，再教你裝戴假牙與如何清洗。」接著詳細地指導與衛教一番，臉上仍是充滿笑容。

就是因為這樣的關懷，讓山區偏低的氣溫，一下子暖上了心頭。

作者／王守白

# 這輩子的福報

「如果有下輩子，我也要當醫生救人。」

當郭醫師的太太說出這句話時，他被深深地觸動了：「我不用等到下輩子，現在就可以當醫師救人，更要把握這個能力和機會啊。」

任職於和美鎮道周醫院的郭顯懋醫師，總給人一種溫柔和善的感覺，若是遇到抱怨生活或精神壓力較大的人，就會鼓勵他們看大愛臺，一來能從報導中見苦知福，二來也是心靈上的一種安慰與寄託。因為「醫者父母心」，郭醫師對待患者就像父母疼孩子的心一樣。

慈濟彰化人醫會於二〇〇六年正式成立，郭顯懋於此時接觸到慈濟人醫會並加入慈濟，經常跟著訪視志工關懷個案，也很認同上人的理念。

## ♥用愛布施良能

彰化區人醫會自二〇〇九年開始投入南投縣草屯鎮「內政部入出國及移民署南投收容所」義診以來，經常看見郭顯懋醫師的身影。每次在為病患看診前，郭醫師總是將冰冷的聽診器放在掌心旋轉式的摩擦數秒鐘，讓聽診器有點溫度才看診，郭顯懋說：「小小的動作，已經是自己的習慣，不想讓患者接觸到冷冰冰的器械。」

他也常常對著來看診的收容人說：「回到家鄉，有機緣的話，跟我們一樣出來做志工……」

「好，下個月我要登記回家了。」

「有啊！我每個月都捐兩百做好事！」

只要聽到病患回應，馬上拍手鼓勵，一起分享收容人的喜樂，平易近人的他，不僅醫治收容人的身體病痛，還適時給予關懷。

常在電視上看到人醫會義診活動報導的護理師洪明俐，剛巧擔任郭顯懋的跟診護理師，很有感觸的說：「願意來當志工的醫生比一般醫生多了一分愛心，除了醫治病人的身體，還會關心他們的日常生活，這種關心就是最好的『祝福』，來到這也讓自己學習如何做一個手心向下的人，更懂得知福、惜福。」

二〇一一年承擔彰化合心人醫幹事的郭顯懋醫師，結合彰化市慈濟志工舉辦街友義診，並於每個月第三周周日下午持續舉辦。地點選在彰化市老人文康活動中心，把活動中心的禮堂布置得像臨時小醫院，有內外科、胃腸科、牙科、藥局，另外還有茶水區。

郭顯懋說：「人醫會也可藉此機會，廣邀在地的大醫王共同來行善做好事。」

關於經營社區街友義診，緣起於中區慈濟人醫會在人安基金會臺中站舉辦的街友義診活動，以往彰化街友是由人安基金會用車子載到臺中參加義診，後來知道彰化也有慈濟人醫會醫師，就懇請彰化人醫會承辦彰化區的街友義診。

籌備了三個月，加上彰化區慈濟人醫會醫師及志工還到臺中觀摩，而後承擔起彰化當區「街友義診」活動，讓彰化區街友免去往返臺中看診的舟車勞頓，還可嘉惠更多街友。

人安基金會「彰化街友平安站」陳鴻斌站長說：「感恩慈濟人醫會的幫忙和協助，讓彰化區也可以承辦義診和義剪，尤其很多街友在勞健保不便的困擾下或小病時，還可以接受免費的醫療照顧，在義剪的幫忙下節省生活費用。加上師兄師姊手語歌曲的帶動下，讓封閉的街友可以與大家互動，打開心房，也做心靈的問診與重建，感受到有那麼多人在陪伴關懷著，他們並不孤單，只要勇於說出口，一定可以找到幫助的力量，重新站起來。」

而在二〇一二年之前，住在北彰化區的捐髓者，全部都要到臺中進行抽血與打白血球生長激素，總共要來回奔波五趟，捐髓者與陪伴的志工們真是辛苦。

志工鄭振財師兄與鄭紓師姊鑑於此，遂於二〇一〇年邀請財團法人和美道周醫院謝文忠董事長來幫忙，成為慈濟骨髓幹細胞中心的合作醫院，讓北彰化區的捐髓者可以減少舟車勞頓；並且對於捐髓者到醫院檢查，完全免掛號費與部分負擔全部由醫院吸收。

驗血一定要有醫師在場方可進行，所以每場造血幹細胞捐贈驗血活動都會有人醫會的醫師到場支援。

郭顯懋說：「初步配對成功的捐髓者，如果需要醫師進一步的解說，我們都會義不容辭的陪同骨捐團隊向捐髓者詳細解說。」

而後好多捐髓者都在郭顯懋的照顧下，克服困難，完成他們非常珍惜的難得救人機會。

## ♥新添俄羅斯

來自大陸遼寧省大連市，嫁來彰化縣伸港鄉的柳雪華回想，在服飾店幫忙賣衣服時，店老闆和莊絲師姊很要好，師姊邀約參加骨捐驗血活動，她就一口答應了，騎著機車從伸港到彰化分會參加，邊騎機車邊想，如果能配對到……

或許是這念力成就的好因緣，二〇一〇年接到配對成功通知，三個月過後還沒有消息，柳雪華心想很希望能成功捐髓，就主動打電話問鄭紓師姊，結果等了半年才通知健檢和第二次驗血。

每次要採血樣，鄭紓師姊就會買些小點心，要她身體補一補，柯馨惠師姊擔心她騎機車危險，會開車接送她。柳雪華說：「這些都讓我覺得很溫暖！一般人不會如此，尤其是沒有關係的人，朋友也沒有這樣的周到。」

她又回想，捐贈周邊血的過程中，郭顯懋醫師總是細心地問診：「身體有什麼反應？會腰酸背痛嗎？會疲倦嗎？精神狀況呢？」眼神裡帶著關愛的郭醫師，感覺像家人一般親切。

「第一劑施打完成，隔天郭醫師就打手機來關心身體狀況，我好感動！

很少有人像他這樣無私的付出。」

柳雪華打電話回去告訴家人，媽媽很支持，但爸爸就極端的反對，「因為父親反對就不跟他講了，所以每次打電話回去都只能和媽媽說悄悄話，媽媽關心我的身體，還央求姊姊過來照應我。」

從花蓮捐妥回家後，約有一星期的時間，當柳雪華下班回家，志工們會輪流送來熱騰騰的大補湯，這些行動雪華的先生也看在眼裡。她對先生說：「這捐贈的過程，有鄭紓、馨惠、郭醫師和鄭振財師兄的陪伴，滿滿的愛在胸懷，我也好想把自己感受到的愛，傳遞出去也讓別人感受。」

以前她繳功德款，先生總會說：「你有錢喔！你錢很多嗎！」而這次陪著太太一起感受到慈濟人的溫情，先生也因此改變態度，贊成柳雪華出門參加慈濟活動。

原本造血幹細胞捐贈只提供到全球二十七個國家地區，但柳雪華完成捐贈後，「從我捐髓那次改為二十八國，因為多了一個俄羅斯。或許媽媽是黑龍江省人，離俄羅斯很近，而受髓者和我說不定有血緣關係，我相信很多事冥冥中早有安排。」

## ♥長男的幸運

接到通知骨髓配對成功的周子逸開心地說：「我覺得很幸運。」

回想數年前，在父母的鼓勵下，身為家中長子的子逸、與兩個妹妹，一起到彰化靜思堂，參加骨髓驗血活動。大學畢業後投入工作職場，過著充實而忙碌的日子。

直到二〇一二年底，接到訊息通知配對成功，年輕又健康的子逸，內心沒有太多想法，再次健檢確定後，二〇一三年初，安排到就近的特約醫院施打生長激素，剛好在接近農曆年，每天有大批的貨物等待運送，送完貨回到家，常常都已經超過晚上十點了，簡單梳洗後，由蘇翠玉師姊開車陪同，連續五天，從福興鄉趕到和美鎮的道周醫院。

「你不覺得累嗎？」志工問道。

「可以救人，有一點驚喜，卻是最重要的生命意義」，有點害羞靦腆的子逸，也感恩郭顯懋醫師，下班後還從彰化市趕過來，親切的解說關懷與施打生長激素，大家愛的陪伴，為自己的人生歷程，留下一頁美麗篇章。

## ♥這點小痛算什麼？

二〇一二年八月的晚上，一通電話讓蘇曉莉雀躍不已！

「您好，請問蘇曉莉小姐在嗎？」電話的另一端有禮的詢問著。

「我就是！」曉莉回答時心裡納悶著這生疏的聲音是誰呀？

「蘇小姐您好，我是慈濟功德會的志工，先恭喜您骨髓捐贈配對成功，您一九九七年驗血建檔，今日有救人的機會，您願意接受身體檢查，捐髓救人嗎？」

「我當然願意！」曉莉那年剛滿十八歲考完大學聯招到北部玩，正好遇到骨髓驗血，憑著一股年輕熱血挽起袖子就上了，前兩天突然想起這件事，正思忖著事隔十五年，或許沒這個機緣吧！也罷！沒想到兩天後就接到慈濟志工的電話，好開心喔！急忙與老公分享這份喜訊。

先生默默不說話，娘家媽媽卻有點擔心，曉莉要媽媽不要為此事煩惱。「媽媽您記得嗎？爸爸當年大出血，幸而有人捐血相助，爸爸才能度過難關，我們才有一個完整的家，今天我能救人，幫助一個家庭，也算是報恩呀。」

媽媽雖然答應，但還是擔心女兒的身體。

身體檢查確定與受髓者相符後，翠玉師姊每日開車接曉莉到和美道周醫院找郭顯懋醫師做例行性問診，注射生長激素，郭顯懋很親切與她閒話家常，注射後半個小時需在醫院裡休息，無異狀才能離開，只要郭顯懋診間不忙，就一定到注射室陪著曉莉。

「恭喜你！很有福氣做善事，但是你的血色素有點低，要多吃些補血的食物，香蕉、牛奶也多吃點喔，有哪裡不舒服一定要講喔。」郭顯懋諄諄叮嚀。

翠玉師姊也每天送補湯給曉莉補身子，這期間，曉莉多了翠玉這個媽，娘家的媽媽很感謝，之前的疑慮煙消雲散，還多了分安心。

曉莉的血色素仍然不高，注射完第二劑生長激素後，身體出現骨頭痠痛症狀，郭醫師告知這屬正常反應：「沒關係！我開些藥舒緩你的疼痛，有問題一定要說，不能忍喔！」

她心想：「醫師和師姊都這麼好，我這點小痛算什麼？」

順利打完第五劑後，郭顯懋說：「恭喜你！要去完成救人的使命。」

花蓮之行除了翠玉師姊陪同外，還有兩位志工隨行，曉莉先生和兩個小孩也同行，共同達成這助人的善願。

後來只要曉莉參加慈濟的課程或活動，先生總是回答：「好呀！你喜歡就很好！」

## ♥放棄度假　勤練身

一開始接觸慈濟是因為岳母需要，許源凱充當司機及人力協助。

「記得有一場骨捐的活動填寫資料，願意抽血建檔的民眾很少，遠遠看到鄭紓師姊態度是那麼投入，我二話不說拿起筆就填寫資料，衣袖自動拉起來，心裡吶喊著：上人是不會害我們的。這是做好事。」

在許源凱填寫資料的當下，沒想到卻引來志工與民眾不約而同一起鼓掌叫好，現場氣氛猶如一場似嘉年華會，民眾填寫的意願也增加很多。

過了很多年，許源凱常對著「慈濟骨髓捐贈卡」說：「機率果然很低，實在很期待我能救人，再過幾年之後，我就中年了，到時機率更不高。」

沒想到有一天許源凱帶著老婆女兒去墾丁渡假四天，才到第二天，就接到岳母打電話給他轉告好消息：「你配對成功了喔！」太高興的他，第三天就立刻趕回家，「因為想利用一天的時間，來說服父母及家人，成全我的初發心。」

得知配對成功，許源凱即在慈濟骨髓幹細胞中心的網頁搜尋資料，等到鄭紓師姊到訪時，他說：「我已經有看過了，妳放心我一定會捐，我要救對方。」當下就簽名，把自己交給醫療團隊及骨捐關懷小組。

許源凱配對成功的這位個案，有三位配對成功，但有兩位確認不捐，只剩下許源凱一位，鄭紓師姊很詳細的述說：「受贈者的生命與捐贈者救人意願，是分不開的，一旦答應就要堅持到底。」

許源凱說：「我很感動的是師姊為受贈者擔憂、急迫的眼神，她說這位個案很特別，受贈者不知能否再撐住往後的兩個月，因為整個流程跑完需要一些時間，怕會來不及，所以不容許有些許的遲疑。」

另一位志工鄭振財師兄提醒：「要多吃含鈣質的食物，一直落實的做到捐贈前一天晚上，這樣對受贈者比較好。」鄭紓補充：「要多做手臂運動，抽血才順利。」

打定主意要捐髓的許源凱，特別去買了兩顆啞鈴，每天很堅持的左、右手各做一百下。雖然有乳醣不耐症，喝牛奶會拉肚子，但為了落實關懷小組的叮嚀，他說：「那種每天三顆蛋，一瓶牛奶，對別人也許很輕鬆，但我可是在拼命。因為我要救人，要堅持，要做到幹細胞品質很好，數量充足。」他在捐完才鬆口說出自己的不適症。「郭顯懋醫師非常關心我，因為我輪班，大多是下午四點到晚上十二點，每次一劑打完，我就急著去上班，他總問我身體狀況好嗎？後來完成後，他直說我身子很好，又說我每次只有心跳較快，容易緊張，其他沒有問題，要我放心。」

其實對於整個過程，他一則喜一則憂，喜是很高興配對成功，憂是工作上有很大的問題，因為上班是二十四小時三人輪值，同事很難協調，廠長不認同又很反對，許源凱想：「我一定要先救人，如果沒辦法頂多就是辭職。」還好整個過程很圓滿，而且他在公司也募了好幾位同事一起發心來做善事呢！

## ♥將心比心　多了一個孫

洪嘉宏讀的是體育系，有一回在校園裡有骨捐驗血的活動，看到有很多人參與，而且反正就是救人的事，沒想太多的他就挽起袖子參與了驗血。

十年後，嘉宏任教於彰化的花壇國小，二〇一二年接到配對成功的通知時，一開始聽到自己可以救人很是高興，但雀躍的心情就在下一秒瞬間凝結，嘉宏心想：「完了！這是什麼？當初沒問清楚，現在很緊張，怎麼辦？」

嘉宏的媽媽則說：「十年前他參加驗血後回到家有跟我提，當時我還說機率那麼小我們哪有可能會中獎！但接到通知後，真的起了煩惱心。」

因為洪爸爸曾經受病苦折磨很久，想到兒子要去捐骨髓，怕傷了身體、有了後遺症，以後也跟著受病痛困擾，在對骨捐不了解的狀況下，嘉宏的父母雖然有著想救人的悲憫之心，但源自於父母對孩子的愛，他們仍然起了許多的煩惱。

後來，骨捐關懷小組偕同郭醫師親自登門拜訪，向嘉宏一一細心解說之後，一顆不安的心隨即安定下來。但志工拜訪當日父母不在，身為家中獨子的嘉宏，擔憂父母親為他操心，於是邀請志工們擇日再來對父母做更完整的解說。

因緣聚足之下，正好有一位十八歲的年輕人剛完成捐贈不久，志工們便帶著這位年輕人現身說法，當時郭顯懋醫師也轉達了證嚴上人的叮嚀：「我們不會傷害一個健康的生命，去換一個不健康的生命。」有了這句話，確認安全性之後，洪爸爸的心才漸漸釋懷。

非常疼惜孩子的洪媽媽則懷著擔憂的心情，向引領她學佛的法師請教，法師給了她一句話：「要走菩薩道要自利也要利他，把心安住！」

之後因為得知唯有受贈者身體狀況良好才能接受移植，洪媽媽便發願誦經迴向，祈求受贈者身體狀況良好，也祈求讓洪爸爸能心開意解不要太過擔憂。

第一天到道周醫院接受生長激素注射時，嘉宏說：「郭醫師問診很仔細也很親切，特別關心我的身體健康，在健檢時量身高、體重、抽血等等，郭醫師都全程陪伴，我要離開前還給了我他的電話，叮嚀如果有不舒服，一定要馬上打電話給他。」

嘉宏又說：「我能完成骨捐救人，郭醫師和骨捐關懷的志工們扮演著很重要的角色，是他們改變我爸媽的想法，因為有專業的郭醫師解說、志工們親自接送、再看到雖逢星期假日郭醫生仍然犧牲自己的休假，專程來為我注射生長激素，甚至還親自的送我們到門口，這些溫馨的陪伴都讓我很感動。我雖然有救人的心，但今天如果沒有這些醫療團隊，我沒辦法如此堅定地去完成救人這件事。」

在嘉宏確定要參與骨捐到完成捐贈的日子裡，洪媽媽完全不敢讓身邊的親朋好友知道，怕聽到大家一人一句，會亂了自己的心，一直到捐贈完成後她才向親戚朋友說起，聽到的人都是一句：「您怎麼有那麼大的膽量？」她回想起當時：「還好有學佛，懂得將心比心去想如果今天是我的兒子，我也想要孩子活，一定會去求對方救救我的孩子。」

在大林慈濟醫院時，看到許多人為了嘉宏一個人忙得團團轉，還照顧得無微不至，也令洪媽媽非常感動。回到娘家仔細說著骨捐的過程時，還向媽媽說：「您又多了一個孫子！」

## ♥守護捐者圓夢是福報

到二〇一二年十二月底，道周醫院已經守護三十三位捐贈者，其中五位是接受生長激素施打，二十八位是接受捐後追蹤。郭醫師對於捐贈者總是抱持著很尊崇的態度，用心關懷陪伴，談起陪伴這麼多捐贈者完成心願的感受，郭顯懋說：「當捐髓者同意捐贈後，那種願意救人的大愛精神，很令人感動。」

而這種感動，陪伴的慈濟志工也看得到、感受得到，「我們都能感受到，郭醫師將捐贈者視為很偉大很尊貴的。」志工鄭紓說。

對郭顯懋來說，能當一位守護生命的醫師，又能看顧菩薩捐者，圓滿他們搶救生命的願望，就是他這輩子最大的福報。

作者／林襄絜、韓景霞、邱麗雲、吳燕妮、許秀珠

楊燕玲、卜埼慈、李巧、李柔葳、陳秀蓉

# 圓夢在慈濟

二〇一一年八月底，中區慈濟人醫會成員洪啟芬醫師，收到一封由日本寄來的信件，信中附有一張四萬日幣的捐款收據，還有一封中文書信述說對慈濟的感恩之意。

## ♥協助落難街友

二〇一〇年十月，在日本已當了五年街友的衣川先生，帶了十萬日幣，離鄉背井流浪到臺灣，準備了度餘生，卻在不久後因盤纏用盡、流浪街頭，又因偷竊被捕而移送到移民署南投收容所。所方發現六十歲的他疾病纏身，健康狀況堪虞，便送往收容所附近的診所接受治療，這間診所的負責人正是洪啟芬醫師。

此後，洪醫師悉心為衣川先生治療。經過三個多月，衣川先生的健康逐漸恢復、即將返回日本，他詢問洪醫師：「這段期間的醫藥費共需多少錢？」洪醫師告訴他：「這是慈濟的義診，請不要放在心上。祝福您有一天也能成為幫助別人的人！」臨別前更送他一套日語版《靜思語》，洪醫師的鼓勵，讓衣川先生深受感動。

不只如此，在這段時間，南投收容所以及眾人對他的關懷，也讓他銘記在心，回日本上飛機前，他以九十度鞠躬禮，大聲說出：「謝謝，臺灣！」回到日本後，完全蛻變成另一個人，他擺脫街友的日子，努力過生活，認真打工，還把賺得的錢，省吃儉用捐給日本慈濟分會。

日本慈濟志工說，衣川滿不只把將打工省下的四萬元日幣捐出，還在信中表示，他已洗心革面，感謝臺灣給他活下去的勇氣。

洪啟芬醫師從日本賑災甫返臺就收到這一封感人的信函，心疼的說：「第一是很感動，四萬日幣對他來說並不是小數目；第二是不捨，你可以想像一個六十歲的長者在災區從事體力勞動的工作，真的很讓人捨不得。」

而洪醫師最高興的是，這位衣川滿先生能夠從消極度日的街友，轉變為積極工作，甚至捐錢助人。

## ♥鋼筋綁出慈濟心

已受證慈誠、委員與榮董的洪啟芬醫師，不僅參與海內外義診，還承接社區榮董召集人，濟貧、醫病、教富，不遺餘力。然而，二〇〇〇年開始接觸慈濟的他，卻是在滿肚子的疑惑中，半推半就做慈濟。

洪啟芬很感慨：「如果沒有九二一大地震，或許我仍是個天天抱怨，只重個人享受的小鎮醫師。」

當時的僑光國小因受損嚴重，接受慈濟援建，看到志工們包車大老遠地從臺北下來幫忙，洪醫師覺得自己是家長會長，當然要帶頭號召家長參與。所以每天看診完之後，就利用下午二點到三點的空檔時間，到學校綁鋼筋、做圍牆。醫師的手一下子要轉為做工綁鋼筋，他說：「倒沒有什麼不適應，兩三個星期下來，怎麼鉤、怎麼轉，綁鋼筋的技巧已經難不倒我了。」

可是對慈濟不瞭解的他，一開始是心不甘情不願戴著手套、斗笠去綁鋼筋、清垃圾。

他一邊做一邊揣測著這些所謂的師兄師姊，如果不是頭殼壞掉，就是生命中受了嚴重的打擊，藉此來療傷止痛吧！

所以經常藉機與身旁的慈濟志工們聊天，以了解他們的「背景」，有次看到一個五十多歲的師兄，手腳不是很靈活卻很努力地綁著鋼筋，就問道：「師兄您在哪兒高就？今天不是假日，怎麼有空來呀？」

師兄揮著汗水回答：「我喔，我在開理髮廳，今天把店交給兩位師傅去做，抽空來這裡做三天。雖然不是很有時間，不過就是要把握機會付出啦！」

同樣的問題問了許多人，有國中校長趁著暑假帶著同仁一起來幫忙，還有高考及格的臺北市政府官員，開公車的司機，也有專業的建築師與水電工。不管他們的身分是什麼、平時做些什麼工作，此時此刻，都專心為僑光國小共同努力。

天天懷著疑慮及揣測，面對的卻是不怕辛勞又帶著微笑的志工，形成強烈的對比。洪醫師終於明白，這些志工並非閒閒沒事做來這裡綁鋼筋，而是特地放下家庭及工作來這裡奉獻付出的。

一場九二一大地震的因緣，影響了他對人生的想法，「行善要及時」。

## ♥隨時把握奇妙因緣

自詡「庄腳囝仔」的洪啟芬，在草屯御史里農村成長，中國醫藥大學畢業，歷經住院醫師、總醫師至通過內科專科主治醫師考驗後，毅然離開教學醫院，返回故鄉開業，為鄉親健康把關服務。

為了配合農夫早起的習慣，每天清早七時就開始門診，當地鄉親都說

「洪醫師做人有夠好啦！」，他卻說：「將心比心，有些鄉親飽受一夜病痛煎熬，早上又要去下田，我希望能儘快幫忙診治。」

加入慈濟的志工行列後，依舊每天上午七時即開門看診，下午則安排志工行程以及義診，足跡遍及南投移民署收容所、南投啟智教養院、警察同仁的健康關懷還有偏遠山區的義診。

後來，又承擔了造血幹細胞捐贈驗血與注射生長激素的合約院所，看到眾多配對成功的捐髓者，也看到陪伴師兄師姊對他們的呵護，他心想：人生的美善不就是如此嗎？每一個「髓緣」總是那麼令人感動。

「有時候我會想，為何一個骨髓配對會到千里外的異國呢？那是怎麼樣的一分『髓緣』啊，是累生累世前的菩薩情？或是所謂的輪迴依報呢？也許百千萬劫以前種下的因，依報出生在異國，如今才找到那蛛絲馬跡吧？我不了解，只知道做就對了，因為看到骨髓配對的過程，更加令人感受到因緣的奇妙和不可思議。」

不只骨髓配對的「髓緣」很奇妙，人與人之間的相遇，一樣奇妙。

現在自認幸福滿滿的洪醫師感恩自己比別人更多一分福報，因為「行政院移民署南投收容所」，離診所不到兩公里，趁地利之便，可以常常去義診，每次病患充滿感謝時，他反而會說，這是慈濟給我的義診機會呢！不論這些人是怎麼來到臺灣的，在此相遇，都是因緣，洪醫師一樣用心為他們看診。

洪醫師第一次去探訪獨居老人時，一見到老人家，不知該說什麼，就要求看一下藥包，才知道阿嬤一天要吃三十種藥，而且腳趾甲已長得好長了，他馬上蹲下來幫忙剪。事後和志工們分享心得：「老人有三樣共同點：眼睛霧煞煞、耳朵聽不清、牙齒掉光光。所以對待老人要像對待小孩子，要耐心且反覆地提醒。」

又有一次去探望獨居的阿公，看到屋前長滿了雜草，他就邀阿公：「門口長太多雜草了，會遮住光明，我們一起來除草。」拔完草後，又蹲下來陪阿公一起在大太陽底下種菜苗，相約下次一起炒盤青菜來吃。

洪啟芬不只想做一名專業的醫師，更想做一名用心的志工，正如靜思語所說：「有能力就要付出，有良能就要分享。」

## ♥同樣搭機　心靈風光大不同

提起謝輝龍醫師與紀邦杰醫師接引洪啟芬到四川賑災義診，洪啟芬直言那是他人生價值觀的轉捩點。義診回來後，他決定於隔年參加慈誠培訓，受證慈誠後，又接引妻子陳美惠參與培訓並受證為慈濟委員。

菩薩道一路行來備受震撼的洪啟芬，參與中區榮董願力讀書會時分享：「看到貴州的苦難影像時，當時觸動了的心，一直到現在還是非常的激動……」他邊說邊泛著淚眼，是對災民的心疼。

最令他印象深刻的，是參與日本三一一海嘯第四梯次賑災團。

那次的發放，讓他親眼看到《地藏經》裡「復有夜叉執大鐵戟中罪人身，或中口鼻，或中腹背拋空翻接」的景象，如地震之後把人震得四處逃散，又來海嘯，把人捲入海中，上上下下，載浮載沈的地獄實況，在人間印證。

當他和賑災團隊帶著來自全球三十九個國家慈濟人的募款和上人的慰問信，以九十度的彎腰，恭敬地交到日本災民手中時，心中體悟到「募得善款，親手布施，何等福報」的意義。

有的災民讀到信封中的靜思語：「信心、毅力、勇氣，三者缺一不可」，神情感動的說：「我會勇敢活下來！」

這一幕幕比旅遊更有意義的畫面及生命風光，讓洪啟芬自省自答：「做好事一定要到慈濟嗎？對的，做好事不一定要到慈濟。但是，到慈濟卻可以做到最多的好事。」

筆挺西裝外加一付無框眼鏡，溫文儒雅的洪醫師，沒有大醫王的嚴肅，卻多了一分書卷氣。

他慨嘆的回想起，進入慈濟前，平時為患者看病，閒暇時就是出國旅遊。最後一次出國的身影是在南非，整個人踩在鴕鳥蛋上，還騎著用布蒙著眼的鴕鳥，生意人先讓鴕鳥跪在地上，讓客人坐上去，再掀開布蓋，讓鴕鳥起跑，以尋求刺激。回想當時自己的無明：「真想不到，那時我怎麼會這麼愚蠢又殘忍！」

「受證成為慈濟志工，就如拿到菩薩執照，可以參與『訪視』、可以參加『國際賑災』、保證『幸福、美滿』。」他再度感慨：「走入慈濟前，我是吃喝玩樂——吃好，住好，花錢沒煩惱；日子雖然過得樂、樂、樂！但人生空虛無意義。自從二〇一二年開始，我有了「人間菩薩執照」，可以參加告別式、參與個案訪視、國內外賑災義診，讓我深刻體會證嚴上人的告誡：時間與無常永遠擋不住。」

「以前每年出國去玩，自從參加四川義診以後，我告訴太太，以後沒有出國旅遊，只要『出國』就是『賑災』。」洪啟芬非常珍惜現在這種知足的幸福。「現在還是每年出國啊，同樣的團費，以前坐了十幾個小時飛機，只看了一個風景；而今參與國際賑災，心靈風光比風景更美！」

人生目標重新定位後，付出的快樂，讓洪啟芬更能安住在慈濟世界裡，開心做志工。他幽默的分享：「要做夢都會笑的最簡單方法，就是當一個慈濟人；而慈濟人要天天歡喜自在，就要牢記慈濟十字箴言：感恩尊重愛；付出無所求」。最愛出國遊山玩水的洪啟芬，醒悟後才明白，眼中的風景，可能是別人的困境。他加強語氣：「我現在的人生目標，就是將以往的『吃喝玩樂』，大轉一百八十度為『慈悲喜捨』。」

作者／林秀淑、林燕眉、林秀春、陳建昌、黃水森、林麗君、洪啟芬
李玲、蕭世婷、李岳為、黃裕仁、陳春蘭、吳美伶、袁瑤瑤

# 附錄

慈
濟

# 附錄一・國際慈濟人醫會臺灣精進活動摘記

國際慈濟人醫會成立將滿十五年，各地的醫護志工雖然彼此不相識，但因為在各自的社區做著同樣的事，義診、居家往診、衛教宣導、防癌篩檢活動等，所以當遇跨區義診或海外賑災義診時，儼然如合作已久的團隊般有默契，各司其職。而除了發揮醫療專長之外，臺灣人醫會成員也把握時間聚會、研習共修、經驗分享、學習新知、凝聚共識，在投入醫療的同時，連結慈善關懷、教育傳承、傳遞人文。

二〇一二年四月二十一日

首屆「人醫會臺灣論壇」在嘉義的大林慈濟醫院熱鬧展開，來自北、中、南區的慈濟人醫會成員齊聚一堂，而距離較遠的東區人醫會成員則透過視訊連線，共有六百五十多人共襄盛舉。

## ♥天下最美是病人的笑容

課程的第一堂課，由慈濟醫療志業林俊龍執行長細說從頭，帶大家回顧人醫會的緣起。林俊龍指出，慈濟基金會成立以來，人醫會有許多的演變，但不變的就是愛與關懷，因為這正是慈濟醫療志業的初衷。最近各地紛紛面臨護士荒，在這樣的環境下，大家更是不能忘記初衷，因為病人的笑容最美，需要眾人用心守護。

林俊龍表示，醫療專業固然是努力的面向，要盡力做到最高品質，但醫護人員傳遞關懷與愛心的過程更是重要。大家很有福氣，因為在慈濟才有這樣的機會，發揮所長來助人。現在因健保普及，就醫不再像過去般困難，所以人醫會在臺灣除了義診外，也要從預防疾病著手，促進民眾健康。

## ♥把握分秒付出　成就人醫典範

「是愛，是暖，是希望，如同人醫會不變的精神。」

時任大林慈濟醫院的簡守信院長（現為臺中慈濟醫院院長）以「大林四月天」為題，將春暖花開的四月，象徵人醫會將溫暖與幸福帶給需要幫助的人。並藉著分享全球人醫典範的故事，指出臺灣可以再努力的空間。

簡守信說，美國人醫會的林慧如牙醫師把握分秒付出，除了義診賑災的足跡遍佈多國，還到孤兒院、老人院做關懷，連生病也不缺席。去年病重之際仍堅持回到臺灣希望圓滿做大體老師的心願，最後如願成為無語良師。而阿根廷的人醫會則是不遠千里送兩張加長椅背的輪椅，只為了替腦性麻痺病人換掉不堪使用的輪椅，在小地方的用心，便大幅改善了病人的生活品質。

## ♥救災也要用對方法　以免造成二次災難

由於慈濟人醫會經常參與海外的義診或是急難發放，課程中特別安排了災難醫學課程，邀請大林慈濟醫院急診科李宜恭主任分享救災不可不知的觀念。

李宜恭指出，唯有照顧好自己，才能夠發揮救人的良能，所以到災難現場一定要注意自己的安全，而且在合情合理與合法的情況下去做。尤其每個國家法令不同，執行國際賑災時，一定要注意不能夠違背當地的法令。另外，他也提醒眾人不要有先入為主的觀念，以為受災地區需要外科醫師、衣物、血液等資源，其實未符合需求的資源湧入災區，反而會造成二次災難，也浪費了這些資源，造成地方政府處理上的困擾。

## ♥跨越地理侷限　病歷資料隨時查

「透過雲端科技，提供最親切的醫療服務。」大林慈濟醫院家庭醫學科林名男主任和眾人展示新成立的南區人醫會網站，其中「轉診轉檢服務中心」的查詢服務，整合了院內醫事室、檢驗科等多項資源，讓人醫會成員在申請帳號後，能隨時查詢病人的資料，方便找出病因對症下藥。

## 二〇一三年二月十六日

「透過人醫會與臺中慈院從基層到區域的結合，才能從點到面涵蓋整個關懷層面。」在臺中慈濟醫院簡守信院長的提議下，臺中慈院與中區人醫會首次舉辦共識營，期許透過醫院串聯中區人醫會近一千六百多位成員，成為深耕社區的能量，共同組織綿密的醫療網。

十六日一早，上百位人醫會成員、臺中慈院同仁在做完健康操後，大家手持清掃工具，分成兩路沿途淨山，將臺中慈院後方的山間小道清理乾淨，抵達會合點再分組進行討論，針對「如何共同進行醫療合作」、「推動環保志工失智症預防」、「推動義診及社區服務」、「辦理學術交流及聯誼活動」、「如何共同辦理推動慈誠及委員培訓」等五大主題凝聚合作共識。

初春溫暖的陽光，照得人人臉龐微紅，隨著清風的吹拂，大家在樹下席地而坐，依照分配到的主題集思廣益，透過互動討論的過程，讓醫院同仁認識人醫會在社區的運作模式，而人醫會成員也能瞭解醫院的方向。最後各組再推派一位代表和眾人分享討論結果，讓所有人都能參與討論。

「就像鑑真和尚不畏困難，東渡傳法的心念，我們也希望社區醫療人員跟我們一起上梨山，雖然路程遙遠，卻能把慈濟的愛傳到這座醫療孤島上。」臺中慈濟醫院中醫部鄭宜哲總醫師針對「如何共同進行醫療合作」進行分享，提出梨山中醫門診的構思與規劃，獲得熱烈迴響，許多人醫會成員馬上響應，希望醫院下次出發時能提前通知，為偏遠地區的居民盡些心力。

簡院長提出，往後將規劃以「一季一會」的方式，持續舉辦共識會，期許帶動更多人醫會成員參加，聆聽更多來自社區的聲音，讓醫療更加貼近民眾的需要。

註：人醫會精進活動後不久，將「梨山巡迴駐診」的構想付諸行動。梨山地區居民多數務農，因長期勞動或是無酒、肉不歡的飲食習慣，經常導致筋骨痠痛、心血管、痛風等慢性疾病，病痛發作時只能依靠西藥緩解或吃成藥止痛，藥量也愈吃愈重，長期下來對健康造成很大的影響及隱憂。二〇一三年二月廿八日，精進活動後兩週，第一次的「梨山巡迴駐診」順利成行。近四小時的蜿蜒山路後抵達海拔兩千多公尺的梨山，並在當地駐診兩天，上百位居民前來接受治療。未來也將以每月兩次的頻率，定期定點駐診。

作者／吳惠富、吳嘉哲、顏佳瑜、許鳳娟、張瑛芬、江瑞卿
楊舜斌、于劍興、謝可柔、梁恩馨、曾秀英

# 附錄二・如何加入國際慈濟人醫會

## ♥病人走不出來，我們就走進去！

國際慈濟人醫會（Tzu Chi International Medical Association，簡稱TIMA）根植臺灣，於一九九八年正式成立，現在全球二十個國家地區設有分支據點，超過一萬名成員，宗教信仰不盡相同，但救人離苦的心念相近；社區的角落有貧病弱勢者，人醫成員就走進去看診、提供醫療照護；國際有災難，人醫成員也立時組團前往賑災、義診、防疫，並協助發放、慈善關懷。

不論您是醫師、護理師、藥劑師、醫療保健相關人員，或是非醫療背景，只要有一顆助人的心，誠摯歡迎您的加入，發揮良能。

# 臺灣各區人醫會聯繫窗口：

♥臺灣東區人醫會

970 花蓮縣花蓮市中央路三段七〇七號

03-8561825#3482

E-mail：md3952@tzuchi.org.tw

♥臺灣北區慈濟人醫會

慈濟臺北分會

106 臺北市大安區忠孝東路三段二一七巷七弄三十五號

02-27760111#2802

E-mail：ttz006411@tzuchi.org.tw

臺北慈濟醫院人文室

231 新北市新店區建國路二八九號

02-66289779#5501~5506

E-mail：ttz016683@tzuchi.org.tw

**♥臺灣中區慈濟人醫會**

臺中慈濟醫院人文室

427 臺中市潭子區豐興路一段八十八號

04-36060666#3815

E-mail：meichia_tzst@tzuchi.org.tw

### ♥臺灣雲嘉南區慈濟人醫會

大林慈濟醫院人文室

622 嘉義縣大林鎮民生路二號

05-2648000#5177

E-mail：ttz021433@tzuchi.org.tw

### ♥臺灣高屏慈濟人醫會

高雄慈濟分會

807 高雄市三民區灣興里河堤南路五〇號（高雄園區、靜思堂）

07-3987667#2103

E-mail：chyi@tzuchi.org.tw

全球各國家地區的慈濟人醫會報名，請洽各分支據點，聯絡方式見http://tw.tzuchi.org/en/images/stories/Doc/tzuchi_branches.pdf，或上www.tzuchi.org。

# 附錄三．
# 國際慈濟人醫會臺灣義診服務統計

資料來源：慈濟基金會宗教處

統計期間：2008/01/01 ～ 2012/12/31

| 服務項目 | 服務場次 | 服務人次 | 醫護動員人次 | 志工動員人次 |
|---|---|---|---|---|
| 偏遠地區義診服務 | 571 | 41,611 | 11,559 | 23,441 |
| 離島健檢義診 | 68 | 5,978 | 1,589 | 2,479 |
| 街友義診 | 90 | 4,678 | 1,499 | 3,129 |
| 社區健康促進活動暨篩檢關懷 | 842 | 86,647 | 9,197 | 9,703 |
| 外籍勞工義診服務 | 92 | 8,631 | 1,836 | 4,154 |
| 警察人員暨眷屬健檢關懷活動 | 161 | 9,118 | 1,467 | 1,263 |
| 監獄看守所關懷 | 84 | 3,323 | 396 | 613 |
| 身心殘障人士、植物人口腔關懷活動 | 351 | 15,477 | 2,341 | 7,090 |
| 居家醫療往診服務 | 210 | 2,588 | 1,508 | 2,243 |
| 慈濟感恩戶發放義診 | 63 | 2,336 | 332 | 260 |
| 總計 | 2,532 | 180,387 | 31,724 | 54,375 |
| * 因 2008 年之前尚無正式統計，故不列入。 | | | | |

# 附錄四・
# 國際慈濟人醫會全球義診服務統計

| | | | |
|---|---|---|---|
| 歷年義診國家地區數 | 44 | 2012 年受惠人次合計 | 231,926 |
| 歷年受惠人次累計 | 1,786,373 | 2012 年醫護人員動員人次合計 | 20,386 |
| 歷年醫護人員動員人次累計 | 164,791 | | |
| 歷年志工動員人次累計 | 301,579 | 2012 年志工動員人次合計 | 42,211 |
| 歷年義診場次 | 8,351 | | |

| 各大洲慈濟人醫會 | 國家 / 地區 | 累積義診場次 | 累積受惠人次 | 累積動員醫護人次 | 累積動員志工人次 |
|---|---|---|---|---|---|
| 亞洲地區 | 臺灣 | 4,033 | 341,835 | 47,366 | 90,431 |
| | 馬來西亞 | 2,118 | 259,398 | 53,974 | 81,900 |
| | 斯里蘭卡 | 3 | 6,228 | 261 | 389 |
| | 新加坡 | 115 | 38,451 | 3,948 | 5,573 |
| | 印尼 | 313 | 185,380 | 15,505 | 23,698 |
| | 菲律賓 | 367 | 377,225 | 12,252 | 25,462 |
| | 越南 | 31 | 45,393 | 1,590 | 4,464 |
| | 泰國 | 29 | 7,389 | 670 | 1,489 |
| | 日本 | 7 | 370 | 12 | 45 |
| | 香港 | 7 | 1,122 | 216 | 648 |
| | 約旦 | 5 | 359 | 22 | 27 |
| 小計 | | 7,028 | 1,263,150 | 135,816 | 234,126 |

| 各大洲慈濟人醫會 | 國家 / 地區 | 累積義診場次 | 累積受惠人次 | 累積動員醫護人次 | 累積動員志工人次 |
|---|---|---|---|---|---|
| 美洲地區 | 美國 | 807 | 372,043 | 24,401 | 53,645 |
| | 加拿大 | 6 | 1,080 | 151 | 120 |
| | 巴拉圭 | 152 | 32,225 | 409 | 2,159 |
| | 多明尼加 | 10 | 988 | 65 | 161 |
| | 巴西 | 168 | 79,205 | 1,758 | 5,808 |
| | 墨西哥 | 34 | 16,517 | 269 | 1,604 |
| | 阿根廷 | 13 | 1,723 | 209 | 391 |
| | 玻利維亞 | 4 | 2,674 | 130 | 154 |
| | 瓜地馬拉 | 10 | 7,766 | 272 | 532 |
| 小計 | | 1,204 | 514,221 | 27,664 | 64,574 |
| 大洋洲地區 | 澳洲 | 60 | 8,293 | 1,162 | 2,728 |
| | 紐西蘭 | 2 | 153 | 35 | 60 |
| 小計 | | 62 | 8,446 | 1,197 | 2,788 |
| 歐洲 | 英國 | 57 | 556 | 114 | 91 |
| 小計 | | 57 | 556 | 114 | 91 |
| 總計 | | 8,351 | 1,786,373 | 164,791 | 301,579 |

＊資料統計累計至 2012 年底；資料來源：慈濟基金會宗教處。

＊歷年統計與《2012 慈濟年鑑》第 648 頁數字不符，因 2008 年數字誤植，此為修訂後。

＊《2012 慈濟年鑑》第 648 頁數字：歷年受惠人次累計 2, 254, 304；歷年醫護人員動員人次累計 193, 083；歷年志工動員人次累計 363, 393；歷年義診場次 10, 462

國家圖書館出版品預行編目資料

慈悯醫眾生 / 慈濟人文真善美志工群著. — 初版. — 臺北市 : 經典雜誌, 慈濟傳播人文志業基金會, 2013.08
240面 ; 15*21公分
ISBN 978-986-6292-43-9(平裝)

1. 志工 2. 醫療服務 3. 通俗作品

547.16 102016456

# 慈悯醫眾生

作　　者／慈濟人文真善美志工
發 行 人／王端正
總 編 輯／王志宏
叢書編輯／朱致賢、張嘉玲
責任編輯／曾慶方
特約編輯／吳惠晶
文字編輯／黃秋惠
美術指導／邱金俊
美術編輯／Vdesign視覺設計中心—方韶君、陳盈君
特別感恩／全臺慈濟人文真善美志工；慈濟基金會宗教處、慈善志業發展處、人文志業發展處；慈濟月刊；慈濟醫療志業各醫院公傳室與管理室。慈濟基金會醫療志業發展處人文傳播室策畫、編輯與校對。
出 版 者／經典雜誌
財團法人慈濟傳播人文志業基金會
地　　址／台北市北投區立德路二號
電　　話／02-28989991
劃撥帳號／19924552
戶　　名／經典雜誌
製版印刷／禹利電子分色有限公司
經 銷 商／聯合發行股份有限公司
地　　址／新北市新店區寶橋路235巷6弄6號2樓
電　　話／02-29178022
出版日期／2013年08月 初版
定　　價／新台幣250元


ISBN 978-986-6292-43-9(平裝)
Printed in Taiwan